编委会成员

前　言

《中华人民共和国海船船员培训合格证书签发管理办法》已于2012年3月1日起生效，新的《中华人民共和国海船船员培训合格证考试大纲》也将于2012年7月1日开始实施。为了更好地指导帮助船员进行适任考试前的培训，进一步提高船员适任水平，在交通运输部海事局领导下，中国海事服务中心组织全国有丰富教学、培训经验和航海实际经验的专家共同编写了与《中华人民共和国海船船员培训合格证考试大纲》相适应的培训教材。本教材编写依据STCW公约马尼拉修正案，采用图文并茂的形式，改变了长期以来以文字为主的教材编写方式。本教材的创新模式对今后的船员专业和特殊培训具有重要的指导意义。

本套教材知识点紧扣考试大纲，具有权威、准确、系统、实用的特点，重点突出船员专业和特殊培训并结合航海实践中需掌握的知识，旨在培养船员具备在实践中应用知识的能力，并可作为工具书供船员上船工作使用。

本套教材由基本安全、救生艇筏和救助艇操作与管理、快速救助艇操作与管理、船舶高级消防、船舶精通急救、船上医护、船舶保安意识与职责、船舶保安员、油船和化学品船货物操作（基本培训适用）、油船货物操作（高级培训适用）、化学品船货物操作（高级培训适用）、液化气船货物操作（基本培训适用）、液化气船货物操作（高级培训适用）、客船操作与管理、大型船舶操纵、高速船操作与管理 、船舶装载包装及散装固体危险和有害物质操作与管理组成。

本套教材在编写、出版工作中，得到了各直属海事局、航海院校、船员培训机构、航运企业以及人民交通出版社、大连海事大学出版社等单位的关心和大力支持，特致谢意。

中国海事服务中心

2012年5月

编者的话

本教材根据中华人民共和国海事局制定的《中华人民共和国海船船员培训合格证考试大纲》编写。适用于无限航区、沿海航区各个等级船员最基础的基本安全培训和考试使用，也可用作海运院校师生的教学参考书。

本教材编写的指导思想是能够覆盖海船船员适任考试大纲的全部内容，帮助学员顺利地通过培训和考试，并尽可能考虑了理论体系的系统性与完整性，加强理论对实践的指导作用。全书共分八章。第一章急救概述；第二章人体结构和功能；第三章病情判定；第四章船上常用急救技术；第五章环境及理化因素损伤；第六章常见急症；第七章救生艇筏上常见疾病；第八章急救箱和常见急救药品。此外，本书配有应试模拟学习光盘，光盘中习题紧扣知识点，具有按章节练习、组卷模拟考试练习、错题重温等功能，供学员日常练习之用，同时光盘也包含部分实操视频资料可供教学参考。

本书由范济秋、杨治麟主编。陈翔参加了本书的主要审定工作。周岳明、王兴琦、陆士新、石建英、时冬生、陈雷、王建平、曹勇、袁涌、赵庆爱、蒋卫忠、吴瑞华、顾津、蔡小马、卢秀玲、冯小玲、赵耿立对本书编写提供了很多宝贵资料和建议，在此一并感谢。在本书编写过程中，得到了杭州海航图书有限公司、大连天维理工信息研究所的大力支持，本书也参考了许多国内优秀的相关专业教材，并引用了其中的一些插图，恕不一一列举，在此表示感谢。

特别鸣谢上海远洋运输有限公司和中海国际船舶管理有限公司为本书视频拍摄提供大力支持，感谢他们提供已拍摄完整视频培训资料用于本书中。

为了便于读者的学习，在本书的编写过程中力求概念清楚、理论正确、重点突出、条理清晰、文字通顺、理论结合实际，并运用了相关的实际案例。但由于编者水平有限，时间仓促，不足之处和差错在所难免，竭诚希望前辈、同行和读者批评指正。

编者

2012年5月

目　录

第一章 急救概述

现场的抢救是现代急救护理的核心。在某些突发的疾病和人身伤害事故中，如果第一目击者/第一反应者具备一定的急救知识，并能采取快速正确的急救措施以维持患者的基本生命活动，直到交由专业医务人员来处理，这将大大提高救治的成功率。

鉴于船员工作环境的特殊性，为了全面履行《1978年海员培训、发证和值班标准国际公约》马尼拉修正案（简称“STCW公约马尼拉修正案”）和国际海事组织（IMO）的要求，每一个船员必须掌握基本急救知识，以便在紧急情况下，第一时间通过看、听、闻、触摸等手段对异常情况作出判断并立即采取有效的紧急救护措施。救护时机的掌握和知识运用的正确与否会直接影响以后的治疗效果。

第一节 基本急救的目的和原则

急救是针对短时间内威胁人体生命安全的意外伤害和急症所采取的一种紧急医疗措施。而在船舶上所采取的紧急的、临时性的医疗措施称为基本急救。本节主要介绍基本急救的目的和原则。

要点

现场急救的基本任务是以救命为主，所以必须做到使伤病员保持呼吸通畅，保证氧的供应，保证血液循环,减少伤残并迅速安全转移伤病员。

对于外伤病人，现场急救还应该做到迅速评价其受伤部位、类型及程度，分出轻重缓急，对伤病员进行分级处理。

必备知识

一．基本急救的目的

(1)挽救和延续伤病员的生命；

(2)改善病情，减少患者的痛苦；

(3)防止病情恶化，预防并发症和后遗症的发生。

二．基本急救的原则

(1)恢复呼吸和心跳；

(2)控制出血；

(3)预防休克；

(4)去除中毒物质；

(5)阻止引起危害因素的进一步作用。

扩展知识

急救时必须动作迅速，措施正确，所以，必须贯彻下述重点：

(1)迅速弄清情况，判断病员病情的轻重；分轻重缓急，先抢救紧急的和有危险的病人；

(2)稳定伤病患者的情绪，鼓励、安慰伤病患者，帮助树立必胜信心；

(3)对呼吸、心跳停止的伤病员要立即实施人工呼吸及心脏按压；

(4)对有出血的伤病员，要立即止血；

(5)开放性外伤、骨折伤员要先止血、清创，再包扎固定；

(6)对于原因不明的疼痛，特别是急腹症时不要用强力的镇痛药；

(7)对意识不清或疑有内伤者，不要给食物和饮料；

(8)对中毒或出现休克者，要迅速给予相应的抢救。

海上船舶远离海岸，医疗条件差，有时伤员的病情可能非常严重，虽然经船上人员处理，仍然不能脱离危险，此时需要通过无线电设备得到陆上专业医务人员在抢救、护理等方面的正确医疗指导。

思考题

1．基本急救的目的是什么？

2．基本急救的原则有哪些？

第二节　急救前的思考

要　点

海上急救中最常见的两种方式为无线电医嘱和直升机救援。急救前，应认真思考、判断应采取何种急救方式，以期为救援工作做好充分的准备。

必备知识

(1)自身的安全性，不能使自己成为新的受害者；

(2)紧急呼救并优先抢救有大出血情况、呼吸或心跳停止及昏迷者；

(3)迅速将伤病员移出危险区，当患者身处不能进入的封闭场所时，应立即请专业人员打开封闭的场所，进入时应戴上呼吸器并尽快将患者转移到安全地区。

扩展知识

一. 无线电医嘱准备工作

1. 关于船舶的常规细节

(1)船名；

(2)呼号；

(3)日期及时间（国际标准时间）；

(4)航线、速度、方位；

(5)距离目的地港口的时间；

(6)距离最近港口的时间；

(7)距离其他可能到达的港口的时间；

(8)当地的天气情况。

2. 关于病人的常规细节

(1)病人姓名；

(2)职位；

(3)船上工种（职务）；
(4)年龄、性别。
3．关于疾病的细节
(1)第一次发病的时间；
(2)发病的过程（急性、慢性）；
(3)病人第一次叙述的病情是什么；
(4)列举病人所有的叙述及症状；
(5)描写从开始到现在疾病发展过程；
(6)提供过去重要的疾病、受伤、手术史；
(7)提供已知疾病的家族史；
(8)描述可能重要的社会关系和职业；
(9)详细罗列起病前服用过的药物的剂量、用法；
(10)病人是否服用酒精及非治疗药物。
如是外伤的病人，则应说明如下内容：
(1)准确说明如何受伤；
(2)发生外伤时间；
(3)病人的叙述是什么；
(4)提供过去重要的疾病、受伤、手术史；
(5)详细罗列受伤前服用过的药物的剂量、用法；
(6)病人是否服用白酒及非治疗药物；
(7)病人是否记得发生的每一件事，或者是否有短暂的意识丧失；
(8)如果有意识丧失，描写发生时间、持续时间和无意识程度。
4．病人的体检结果
(1)体温、脉搏、呼吸、血压、神志；
(2)描述病人的一般情况；
(3)描述病变部位的情况，按轻重列出伤势；
(4)检查病变部位时所发现的病症（如肿胀、触痛、活动受限等）以及出血情况；
(5)已经做过的检查和结果（尿液等）。
5．诊断
(1)你的诊断结果是什么；
(2)你是否考虑过是其他疾病（不同的诊断）。
6．治疗
(1)详细罗列发病后服用过的药物的剂量、服药时间、用法；
(2)病人对治疗的反应如何；
(3)外伤后首先采取的急救措施。

7．困难

(1)目前最大的困难是什么；

(2)最需要得到的建议。

二．直升机救援准备工作

当决定派遣直升机救援时，船上人员需做好如下准备工作：

(1)需提供船舶的位置、与海岸或灯塔的距离、船舶的型号、船体的颜色；

(2)提供病人的具体情况、活动能力，以确定是否需要担架；

(3)通知驾驶台和机舱，派专人与直升机保持联系；

(4)许多国家的直升机装备有VHF和UHF无线电通信设备。尽管一些大型直升机可以使用2182kHz（MF），但是不用MF频率。如果在2182kHz和VHF波段都不能和救援直升机联系，可以通过海岸电台或海岸警卫队取得联系；

(5)船舶必须在固定的航线上；

(6)利用船上的旗帜、厨房烟囱的烟雾确定风向；

(7)在甲板或舱口盖上清理出足够大的地方，写上大写字母“H”。附近的天线、缆绳必须清除；

(8)附近区域内的一切设备重新固定，清除油布、输水管、绳索等物品，以保证飞机安全；

(9)为帮助飞行员辨认目标，需设置求救信号，如橘红色烟雾、日光反射信号等；

(10)绞车电缆接地工作由机组人员完成；

(11)绞车开始工作后，船舶不要尝试寻找背风处；

(12)病人在担架上用皮带固定，用绞车拉上飞机；

(13)任何时候听从机组人员的安排；

(14)如果事故发生在夜晚，需要保持足够的亮度，应用灯光为飞行员照亮附近的物体，要避免强光直接照射在飞机上。把病人的病史、护照放在一个塑料信封中，随病人携带，附上已采取的治疗措施，如使用过吗啡需有明显的标签。同时给病人穿上救生衣。

三．急救电话服务

船舶或工作平台在城镇岸边时，可紧急拨打当地急救电话。例如，120是我国统一的医疗急救电话，是免费服务的电话号码。120医疗急救服务由急救中心和若干个急救站组成，辐射到城市的各个区域，具有反应迅速、抢救及时的特点，通常在接到呼救电话后，快则几分钟，慢则十几分钟，救护车就能赶到现场（有时因路途较远或交通不畅使等车时间延长）。

第三节 外来援助

船上一旦发生严重伤病情况后，船长应毫不犹豫地用各种通信手段向岸上或过往配有医生的船舶求援以获得及时的医疗指导服务。

要点

无线电医嘱

现代通信技术对救护船员生命起到了相当重要的作用。无线电医嘱通过无线电报、无线电话，直接由各港口的医生发出。在特殊情况下，也可以从邻近船上的医生处得到。为了迅速交换信息，最好采用双方均熟悉的语言；而密码容易被误解，所以尽可能避免使用。

船上急救人员必须把相关资料全部传给医生，然后把医生的建议及指令清楚无误地全部记录下来，同时传给船只及病人。如有可能最好用录音机记录下所有的信息资料。

为了保护个人隐私，在得到医疗建议时需注意不要透露病人的姓名，除非在医生的报告中需涉及病人的姓名和职务。

船上急救人员请求无线电医嘱前，要填写一些必要的表格、病史摘要，告诉无线电员相关资料，然后写下所获得的任何建议，要注意重复、核对，以避免差错。

直升机救援

如果病症轻微，而且不是危重的疾病，则尽量不要请求直升机救援。不仅是因为费用昂贵，而且飞行员和全体机组人员是在冒着生命危险进行救援。

当船上病人需要外来援助时，救助人员首先与海岸无线电中心取得联系，请求医疗帮助。在呼叫被传给医生后，把所有的资料告诉医生，由医生判断病情的危重程度。医生会马上提供一些处理方法，并建议海岸警卫队提供最佳救援措施，与船舶保持联系并作适当的安排，必要时派遣直升机。

由于运作过程，直升机不会马上到达。而且直升机飞行距离有限，机组人员会要求在靠近陆地的地方进行救援。

必备知识

无线电医疗服务是由海岸电台与当地的医疗机构共同组成的专门为海上医疗服务的组织，当海岸电台接到船上要求医疗援助的电讯后即与当地医疗机构联系，对船上患者所急需的救援内容作出迅速答复。若海岸电台不在船上无线电话通信范围内时，可直接用无线电话与当地医院联系以及时取得医疗指导和帮助。现在这项医疗指导业务已在很多国家建立并且是24小时免费服务的。另外，在国际信号规则中有M字母开头的三字母信号也是供船舶之间有关业务通信之用的，必要时可以查阅和利用。

当需要进行海上求援时，在做好准备工作的前提下，还应做好本节所述工作，熟悉外来援助的方法以便于救援工作的实施与开展。

扩展知识

一．**船舶接送医生和病人**

用船舶接送医生和病人需要非常高的航海技术才能保证安全和有效。

大型油轮和其他一些船舶需要30分钟到一个小时才能使发动机准备就绪，所以应尽快发出信号。满载的大型油轮需要几英里才会减速，且很难靠近一艘小船。

空载的船只和任何型号的客船在停下靠近时，都会因风力发生偏航，所以一些船只在工作中仍保持螺旋桨低速旋转。

保持船头、船尾悬挂物清晰可见。一般由大船提供照明、登船设备，并指明最佳位置。接送医生和病人结束以后，不要在大船旁边过多逗留，应开足功率尽快离开。

二．**医生间的交流**

由病人携带的任何资料、信件、表格必须清晰易懂。因为病人和医生可能说不同的语言，所以书面资料更能清楚表达。信件中应包括病人姓名、性别、国籍、出生日期、船舶名字、港口、公司、船舶代理，还应包括病人系统、详细的资料，以及在其他港口的病史复印件。

思考题

1．船上急救人员请求无线电医嘱前，应做好哪些工作？

2．如果病症轻微，而且不是危重的疾病，应请求直升机救援吗？

3．当船上病人需要外来援助时，救助人员首先与谁取得联系，请求医疗帮助？

第二章 人体结构和功能

人体由运动系统、呼吸系统、循环系统、神经系统、消化系统、泌尿系统、内分泌系统、生殖系统和感觉器等组成。

本章着重介绍运动系统、循环系统、呼吸系统、消化系统和神经系统的结构功能。

第一节 运动系统

(1)运动系统由骨、骨连结（关节、肌腱等）和骨骼肌组成。其主要功能是保护、支持和运动。

(2)人体共有206块骨，通过连接装置形成骨骼。

(3)骨骼肌共为600多块，其两端都有一定的肌纤维形成的肌腱与骨骼相连。当肌肉收缩时可使相应的骨骼和关节活动。

(4)骨骼肌的收缩活动由大脑中枢来控制。

要点

骨与骨连结

1. 骨

骨是一种器官，主要由骨组织构成，具有一定的形态和构造，外被骨膜，内容骨髓，坚韧而有弹性，有丰富的血管、神经及淋巴管分布，能不断进行新陈代谢和生长发育，并有修复、再生和改造能力。骨基质中有大量钙盐和磷酸盐沉积，是人体钙、磷的贮存库，参与人体的钙磷代谢。骨髓有造血功能，骨髓造血功能低下，可导致再生障碍性贫血。

(1)骨的分类

成人共有206块骨。按其所在部位分为躯干骨、颅骨和四肢骨；按形态可分为长骨、短骨、扁骨和不规则骨4类。长骨呈长管状，可分一体（骨干）两端

（骺）；短骨呈立方形，多位于连结牢固并有一定灵活性的部位；扁骨呈板状，主要构成容纳重要器官的腔壁，起保护作用；不规则骨形状不规则，如椎骨和某些颅骨。

(2)骨的构造

骨是由骨质、骨膜和骨髓构成的，并有血管、淋巴管和神经分布（图2-1）。

①骨质：是构成骨的主体部分。骨质分骨密质和骨松质两种。

②骨膜：是一层致密的纤维结缔组织膜，富含血管、神经、成骨细胞和破骨细胞，对骨的生长、发育、修复和改造起重要作用。

③骨髓：充满于长骨的髓腔和骨松质的间隙内。骨髓可分红骨髓和黄骨髓两种。红骨髓有造血功能，呈红色。黄骨髓含大量的脂肪组织，无造血能力。临床上常在髂结节、髂后上棘和胸骨等处穿刺取样检查骨髓象，协助诊断疾病。

2. 骨连结

骨与骨之间的连结叫做骨连结。骨连结有直接连结和间接连结两种。直接连结是相邻两骨依靠结缔组织或软骨直接连结；间接连结就是通常所说的关节，如肩关节、肘关节、髋关节和膝关节等，它是人体骨连结的主要形式。关节一般由关节面、关节囊和关节腔三部分构成，如图2-2所示。

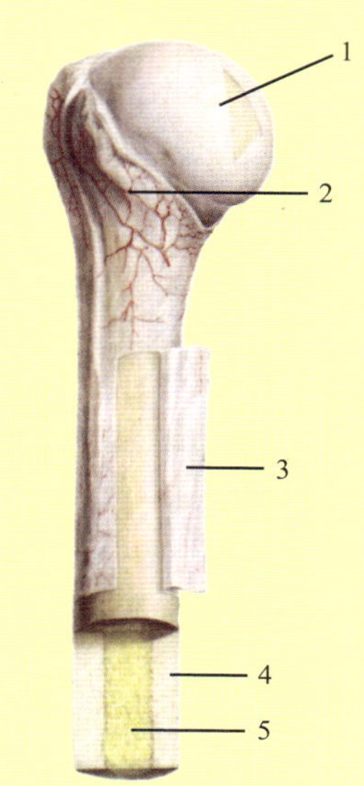

图2-1　骨的构造
1—关节软骨；2—关节囊；3—骨膜；4—密质骨；5—骨髓

骨骼肌

人体主要肌群如图2-3和图2-4所示。

肌肉是骨骼运动的动力器官，其形态多种多样。长梭状的肌肉多位于四肢，分两部分：肌腹和肌腱，跨过一个或两个以上关节，起止于骨上，牵引骨产生运动；扁平的阔肌多见于胸腹壁，对内脏有支持和保护的作用，其肌腱呈扁平状，为腱膜；还有环行的肌肉位于孔裂的周围，收缩时可以关闭孔裂。

根据形态、功能和位置等不同特点可以将肌组织分为3种类型。

第一种是附着在骨骼上的肌肉，是骨骼肌，收缩随人意志支配，又称随意肌，全身骨骼肌有600多块，约占人体重量的40%。

第二种是平滑肌，大多构成脏器的壁，

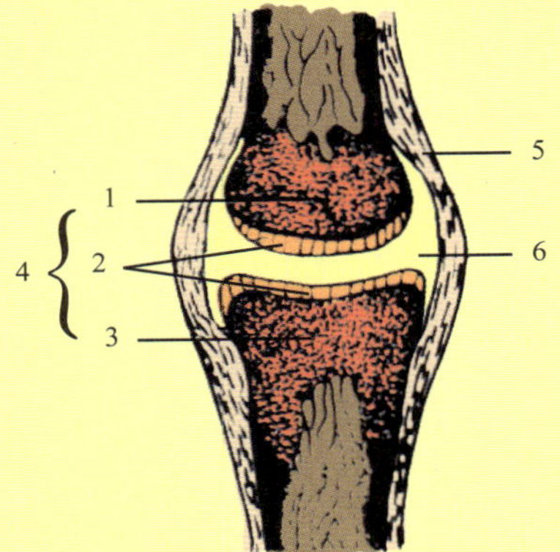

图2–2　关节模式图

1–关节头；2–关节软骨；3–关节窝；4–关节面；5–关节囊；6–关节腔

故又名内脏肌。

第三种是分布在心脏壁上的肌肉，称为心肌。

第二种、第三种肌肉不受意志支配，也称非随意肌。

运动系统中叙述的肌均属骨骼肌。骨骼肌分为头颈肌、躯干肌和四肢肌等多个部分。

头颈肌：分为表情肌和咀嚼肌，颈肌中主要是胸锁乳突肌，能使头部转动、屈伸。

躯干肌：包括脊肌、胸肌、膈肌、腹肌、盆底肌及会阴肌。脊肌中主要是斜方肌和背阔肌，斜方肌收缩时可以使

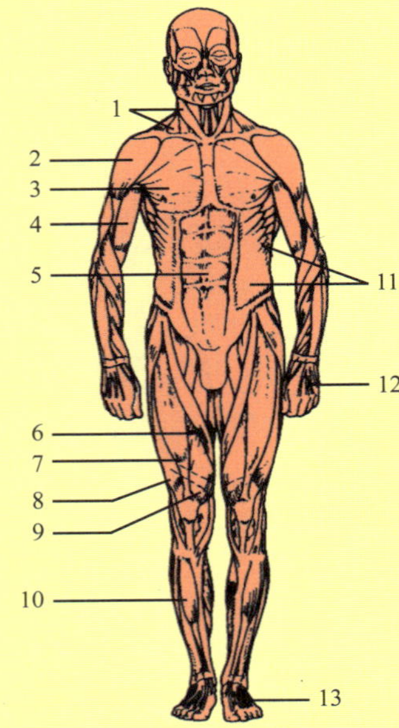

图2–3　人体主要肌群（正面）

1–胸锁乳突肌；2–三角肌；3–胸肌；4–二头肌；5–腹直肌；6–缝匠肌；7–股直肌；8–股外肌；9–股内肌；10–胫骨前肌腱；11–前锯肌；12–手肌；13–足肌

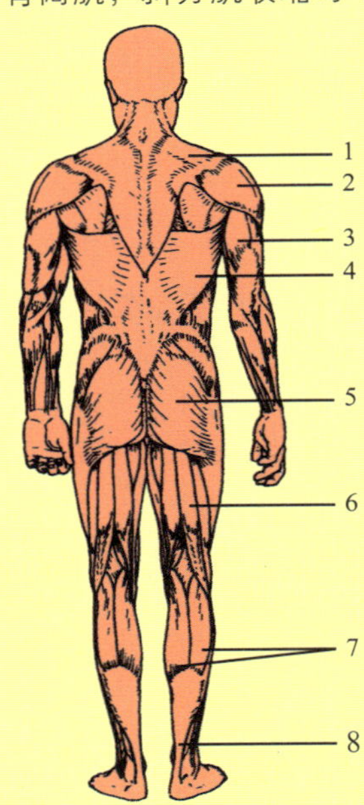

图2–4　人体主要肌群（背面）

1–斜方肌；2–三角肌；3–三头肌；4–背阔肌；5–臀大肌；6–股二头肌；7–腓肠肌；8–跟腱

肩胛骨向脊柱靠拢，背阔肌收缩可使肱骨内收、内旋及后伸。胸肌包括胸大肌、胸小肌、锁骨下肌和前锯肌，胸大肌与上肢活动及呼吸有关。膈肌是向上膨隆的扁平薄肌，它封闭胸廓下口，成为胸腔底和腹腔的顶，同时也参与呼吸运动。腹肌包括腹外斜肌、腹内斜肌、腹横肌、腹直肌等。腹肌收缩可增加腹内压力，完成咳嗽、呕吐、排便等功能。

四肢肌：分为上肢肌、下肢肌。上肢肌包括肩带肌、上臂肌、前臂肌和手肌，上肢肌中肱二头肌收缩可屈前臂，肱三头肌收缩可伸前臂。下肢肌包括髋肌、大腿肌和足肌，在髋关节后面的是臀大肌，有伸直大腿的作用。股骨前面的是股四头肌，能伸小腿，在腓骨后面是腓肠肌，收缩可以使足跟离地。

必备知识

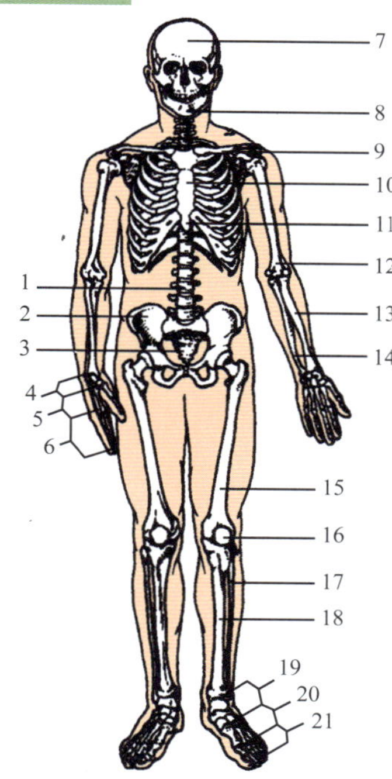

图2–5　人体骨骼正面图

1—脊椎；2—髋骨；3—骶骨；4—腕骨；5—掌骨；6—指骨；7—头盖骨；8—下颚；9—锁骨；10—胸骨；11—剑突；12—肱骨；13—桡骨；14—尺骨；15—大腿骨；16—膝盖骨；17—腓骨；18—胫骨；19—跗骨；20—跖骨；21—趾骨

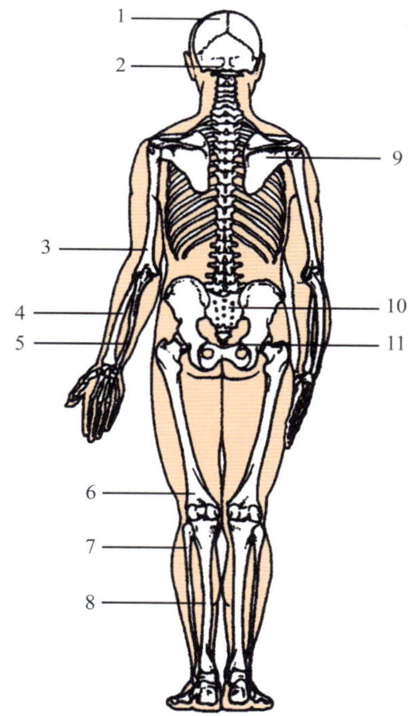

图2–6　人体骨骼背面图

1—顶骨；2—枕骨；3—肱骨；4—桡骨；5—尺骨；6—大腿骨；7—腓骨；8—胫骨；9—肩胛骨；10—骶骨；11—尾臀骨

运动系统由骨、骨连结和骨骼肌三部分组成。骨通过骨连结构成骨骼，成为人体的支架（图2–5和图2–6），骨骼肌附着于骨。骨、骨连结和骨骼肌共同维持人体的基本外形、支持体重和形成体腔保护内脏。肌收缩时，牵引骨骼引起运动。在运动中，骨起杠杆作用，关节是运动的枢纽，骨骼肌是运动的动力。骨骼肌是运动的主动部分，而骨和骨连结是运动的被动部分。

运动系统的器官重量约占成人体重的60%。

在体表能看到或摸到的肌和骨的突起或凹陷，分别称为肌性标志或骨性标志。临床上常被用来确定内脏器官、血管和神经的位置。

扩展知识

一．骨的化学成分和物理特性

骨质主要由有机质和无机质组成。有机质主要是胶原纤维粘多糖蛋白，赋予骨以韧性和弹性；无机质主要是钙盐（磷酸钙和碳酸钙），使骨坚硬。两种成分的比例随年龄的增长而发生变化。成人骨有机质和无机质的比例约为3：7，既有一定的弹性又有很大的硬度，老年人的骨无机质所占比例更大，因而脆性较大。

二．常用骨性标志

1．头颈部常用骨性标志

(1)颧弓

为位于耳屏至眶下缘间的骨桥，是颌面部骨折的好发部位。

(2)翼点

在颧弓中点上方约4cm处，是颞窝前下部的骨质薄弱区。此区常形成“H”形的缝，其内面有脑膜中动脉的前支通过。

(3)乳突

在耳垂的后方，乳突炎时常有压痛。

2．胸部常用骨性标志

(1)胸骨角

两侧平对第2肋，是计数肋的重要标志。胸骨角向后平对：①第4胸椎体下缘；②主动脉弓的起、止端；③气管杈；④食管与左主支气管交叉处；⑤上、下纵隔的分界；⑥胸导管由脊柱右侧转向左侧上行的部位。

(2)肋弓

是临床上进行上腹部触诊时常用的标志，其最低点平对第2～3腰椎体之间。左、右肋弓与剑突的之间的交角称左、右剑肋角，左剑肋角是心包穿刺的常用部位。

3．背部常用骨性标志

(1)棘突

第7颈椎棘突较长，常作为计数椎骨序数的标志。腰椎棘突呈板状，向后平伸，棘突间隙较大，是腰椎穿刺的部位。第4腰椎棘突平两侧髂嵴最高点的连线。

(2)骶角

为第5骶椎下关节突向下的突起，在骶管裂孔的两侧，是骶管麻醉进针的定位标志。

(3)肩胛骨下角

上肢自然下垂时平对第7肋或第7肋间隙。两侧肩胛骨下角的连线平对第7胸椎棘突。

4．上肢常用骨性标志

(1)肱骨内上髁、肱骨外上髁和尺骨鹰嘴

当肘关节伸直时，这3个突起在同一水平线上；当肘关节屈至90°时，三者形成一等腰三角形。当肘关节脱位或肱骨髁上骨折后，上述位置关系即发生改变。

(2)桡骨茎突、尺骨茎突

桡骨茎突比尺骨茎突低1cm，这种位置关系可用于鉴别桡、尺骨下段是否骨折。

5．下肢常用骨性标志

(1)坐骨结节

是产科测量骨盆径线的标志。在正常情况下，当人体侧卧、髋关节屈90°～120°时，坐骨结节与髂前上棘的连线（Nelaton线）恰好通过大转子尖。当髋关节脱位或股骨颈骨折后，大转子尖即向此线上方或下方移位。

(2)内踝和外踝

内踝前方1.0～1.5cm处有大隐静脉通过，此处可作静脉穿刺。外踝比内踝略低且偏后。

三．常用肌性标志

1．头颈部常用肌性标志

胸锁乳突肌颈丛的浅皮支由该肌后缘中点附近浅出，此处是颈浅部浸润麻醉的阻滞点。

胸锁乳突肌后缘与锁骨形成的夹角处向外0.5～1.0cm，是锁骨下静脉锁骨上入路穿刺的进针点。

2．躯干部常用肌性标志

竖脊肌外侧缘与第12肋形成的夹角称脊肋角（肾区），是肾门的体

表投影部位，肾病变时此区常有叩击痛，肾囊封闭常经此进针。

3．上肢常用肌性标志

(1)三角肌

该肌包裹肩关节使肩部形成圆隆的外形，当肩关节脱位或三角肌瘫痪后，肩部圆隆的外形消失。三角肌中1/3区中部肌质厚，深部无较大的血管、神经，此处可行肌内注射。

(2)肱二头肌

在该肌的内侧缘可见较明显的肱二头肌内侧沟，此处可触及肱动脉搏动。测量血压时，通常将听诊器的胸件置于肱二头肌腱的稍内侧。

4．下肢常用肌性标志

(1)臀大肌

是常用的肌内注射部位。为避免损伤经过其深面的坐骨神经，应在臀部外上象限（外上1/4处）部位注射。

(2)小腿三头肌

该肌肌腹中部肌质较厚，中线两侧的深部无较大的血管、神经，必要时可作为肌内注射的部位。

思考题

1．运动系统是由哪几部分组成的?

2．简述人体骨骼、骨骼肌的结构与组成。

3．头颈部、胸部的骨性标志有哪些?

第二节 循环系统

人体从外界摄取的养料和氧气必须通过循环系统运到各个组织细胞，细胞产生的二氧化碳、尿素等废物又必须通过循环系统才能运走，所以，人体内具有运输物质作用的系统称之为循环系统，它包括血液循环系统和淋巴系统。我们通常说的循环系统主要是指血液循环系统。

必备知识

人体内循环系统包括血液循环和淋巴循环。

(1)血液循环系统

血液循环系统由心脏、血管及血液组成（图2−7）。

①心脏是血液循环的动力器官，如同一只肌肉泵，位于胸腔正中线稍偏左侧，血液在血管内流动循环主要由心脏来维持。心脏每分钟搏动的次数称为心率。正常心率为60~100次/min。脉搏与心跳同步，通常通过测定手腕处的桡动脉或气管旁的颈动脉来了解心脏搏动的情况。

②血管分为动脉、静脉及毛细血管，是输送血液的管道。

③血液呈红色，血液由血浆和血细胞组成，血细胞包括：红细胞、白细胞和血小板。其中动脉血为鲜红色，含氧丰富，静脉血为暗红色，含大量二氧化碳。

血液约占人体重的8%，一个50kg体重的人其血液总量约为4000ml。

血液在体内循环的过程中将氧气、营养物质及激素、抗体带到全身各个组织器官中同时又将其产生的二氧化碳和代谢产物带走。

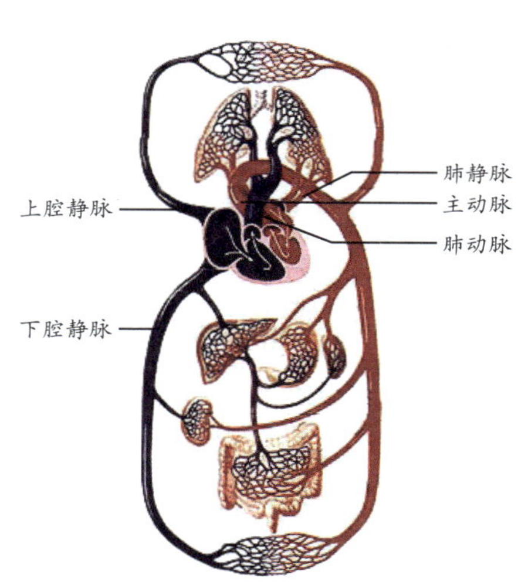

图 2−7

(2)淋巴系统

由淋巴管、淋巴结、脾及扁桃体等组成。其主要功能是运输淋巴液进入静脉中，是血液循环的辅助系统。淋巴结、脾和扁桃体还生成淋巴细胞以随时清除身体各种有害物质并产生抗体。

一．血液循环系统

血液循环系统是一个由心脏和血管组成的、遍布全身的管道系统，血液在这个封闭的管道系统里循环流动。

1．血液

血液是由血浆和血细胞两部分组成。血细胞又包括红细胞、白细胞和血小板。人体内血液的总量称为血量，成年人血量约4000～5000ml，为体重的7%～8%。一次失血10%以下对人体没有明显影响；失血20%时，可能引起人体活动障碍；失血30%时，如不急救可能危及生命。人类血型主要有ABO、RH等血型系统。以ABO血型为例，除了同血型者之间可以相互输血外，AB型血液的人可接受其他各型的血液，O型的血液可以输给其他各型的受血者，但是输血应以输同型血为原则。

(1)血浆

血浆呈淡黄色，半透明，含水量达91%～92%，含固体物8%～9%。在固体物中，还含有血浆蛋白、葡萄糖、含氢化合物及无机盐等。血浆蛋白又分为白蛋白、球蛋白和纤维蛋白原三种。白蛋白含量最多，对维持血浆胶体渗透压有很大作用；纤维蛋白原相对分子质量最大，与血液凝固相关；球蛋白特别是丙种球蛋白含有多种抗体，能与一些致病因素起反应，破坏致病因素，对人体有保护作用。另外，血浆蛋白还能与多种物质结合构成复合物，起到运输物质的作用。

(2)红细胞

红细胞呈两面凹的圆饼状，正常成年人每立方毫米血液中含有红细胞的数量，男性为400～550万个。红细胞的寿命最短为40天，最长可以达到200天，平均约120天。衰老的红细胞不断被破坏，同时不断地产生相应数量的新红细胞补充到血液里去。红细胞里有一种红色含铁的蛋白质，叫做血红蛋白。红细胞之所以呈现红色，是因为含有血红蛋白。血红蛋白的特性是：在氧含量高的地方，与氧容易结合；在氧含量低的地方，又与氧容易分离。血红蛋白的这一特性，使红细胞具有运输氧的功能。另外，红细胞还能运输一部分二氧化碳。

血液里红细胞的数量过少，或红细胞中血红蛋白的含量过少，都叫做贫血。贫血患者的血液运输氧能力低，影响体内各器官的正常生理活动，所以常常表现出精神不振、疲劳、头晕、面色苍白等症状，一般的贫血患者应该多吃一些含蛋白质和铁质丰富的食物。

血红蛋白与氧结合后，使血液呈鲜红色，这种含氧丰富、颜色鲜红的血叫动脉血。血红蛋白与氧分离后，使血液呈暗红色，这种含氧较

少、颜色暗红的血叫静脉血。

(3)白细胞

白细胞有五种，比红细胞大，它的寿命有的不到一天，有的可长达几年。正常成年人每立方毫米血液中的白细胞数量为4000～10000个。当身体某处受伤，病菌侵入时，有些白细胞可穿过毛细血管壁，聚集到受伤的部位吞噬病菌。如伤口周围出现红肿现象，这就是我们平时所说的“发炎”，当病菌被消灭后，炎症也就会消失。可见，有些白细胞对人体起着防御和保护的作用。

(4)血小板

血小板比红细胞和白细胞都小得多，形状不规则。正常人每立方毫米血液中含血小板10～30万个。血小板的寿命为7～13天，平均寿命为10天。当皮肤划破而流血时，血液中的血小板会在出血的伤口处聚集成团；与此同时，血小板与受损血管粗糙面接触而破裂并释放出一些物质，能够促使血液凝固。这两种情况都可以堵塞伤口而止血。所以，血小板有止血和加速凝血的作用。

2．心脏

心脏是血液循环的动力器官，它通过昼夜不停地收缩和舒张来推动血液在血管里循环流动。心脏的大小如自己的拳头，位于胸骨后、胸腔内及两肺之间，稍偏左一点。心脏被中隔分为左、右两半，即右心房、右心室和左心房、左心室共四个腔，如图2-8所示。同侧心房、心室借房室口相通。心房接受静脉，心室发出动脉。在房室口和动脉口处有瓣膜，使血流只朝一个方向流动而不返流。心脏终生有节律地收缩与舒张，像泵一样不停地将血液由静脉吸入，由动脉射出，使血液在心血管系统内不停地循环流动。心脏每分钟搏动的次数称为心率。心率的正常变动范围为60～100次/min，低于每分钟60次的称之为心动过缓，高于每分钟100次的叫做心动过速。

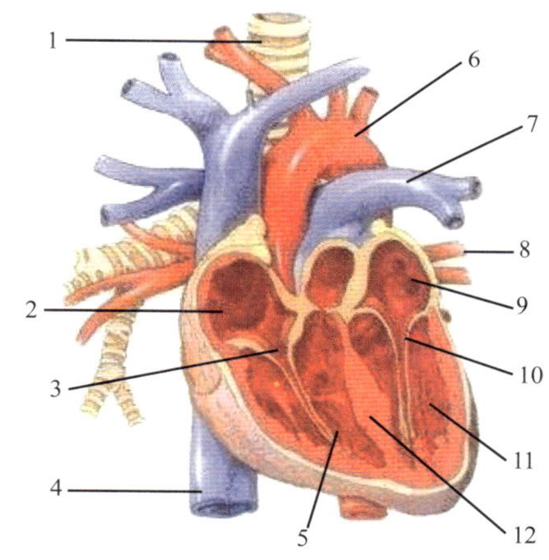

图2-8　心脏结构图

1—气管；2—右心房；3—三尖瓣；4—下腔静脉；5—右心室；6—主动脉；7—肺动脉；8—肺静脉；9—左心房；10—二尖瓣；11—左心室；12—室间隔

3．血管

血管分为动脉、静脉和毛细血管三种。动脉是把血液从心脏输送到身体各部分去的血管，静脉是把血液从身体各部分送回心脏的血管，毛细血管是连通最小的动脉与静脉之间的血管。

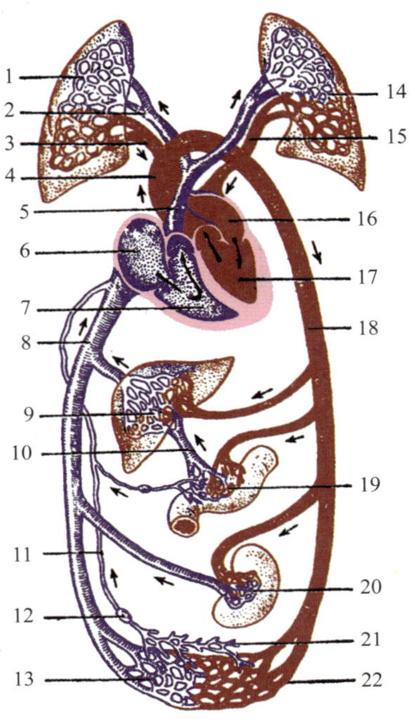

图2–9　血液循环模式图

1–肺内毛细血管；2–右肺动脉；3–右肺静脉；4–主动脉；5–肺动脉干；6–右心房；7–右心室；8–肝内毛细血管；9–肝毛细血管；10–门静脉；11–淋巴管；12–淋巴结；13–毛细血管静脉端；14–肺内毛细血管；15–左肺静脉；16–左心房；17–左心室；18–动脉；19–肠内毛细血管；20–肾内毛细血管；21–毛细淋巴管；22–毛细血管动脉端

血液由心脏射出，经动脉、毛细血管、静脉再回到心脏，如此循环不止。血液的循环途径可分为体循环和肺循环两部分，两种循环是同时进行并且相通的。血液由左心室进入主动脉，再流经全身的动脉、毛细血管、静脉，最后汇集到上、下腔静脉，流回右心房，完成体循环。在这个过程中，血液中营养物质和氧气被细胞和组织吸收，它们的代谢产物和二氧化碳等则进入血流。血液由右心室进入肺动脉，流经整个肺部的毛细血管网，再由肺静脉流回左心房，完成肺循环。在此循环中，血液与肺泡里的空气进行气体交换，血液中的二氧化碳进入肺泡，肺泡里的氧气进入血液，暗红色的静脉血变为鲜红色的动脉血，从肺静脉回到左心房。在安静状态下，人体内每滴血在血管中完成上述循环约需20s。血液循环模式如图2-9所示。

二．淋巴系统

淋巴系统由淋巴管、淋巴结、脾、扁桃体等组成，它的主要功能是运输全身淋巴液进入静脉，是静脉回流的辅助装置。另外，淋巴结、扁桃体和脾等还有生成淋巴细胞、清除体内的微生物等有害物质和生成抗体的作用。淋巴结和脾是人体重要的免疫器官。

淋巴管分为深淋巴管和浅淋巴管。浅淋巴管跟浅静脉一起走，主要收集皮肤的淋巴液。深淋巴管跟深静脉一起走，主要收集肌肉和内脏的

淋巴液。

淋巴结是在淋巴管行程上的无数个大小不一的小体，在颈部、腋窝、腹股沟等处最多。淋巴结里有吞噬细胞，它能吞噬侵入人体的病菌，对人体有保护作用。

脾是最大的淋巴器官，能够产生白细胞，脾内含有大量的吞噬细胞，能吞噬衰老的血细胞，也能吞噬异物。脾对储存血液也有一定的作用。

扁桃体在口腔上壁后部两侧，能够产生淋巴细胞，具有防御功能。

思考题

1．简述血液循环系统的构成和生理功能。
2．简述淋巴系统的构成和生理功能。

第三节 呼吸系统

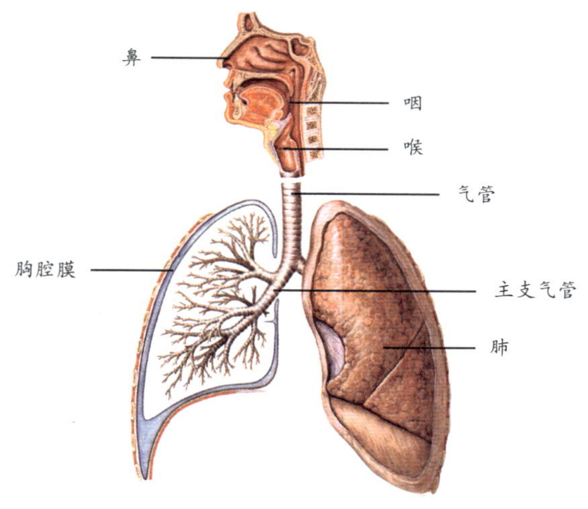

图　2–10

人体内营养物质氧化所需的氧气要从外界获得，氧化后所产生的二氧化碳必须排出体外，这个不停地从外界吸入氧气和排出二氧化碳的过程叫做呼吸。

呼吸系统由呼吸道和肺组成，如图2–10所示。

要点

每次呼吸都将吸入的空气经口鼻、咽喉入气管，支气管、细支气管进入肺组织，然后在肺泡内与血液进行空气交换，将人体所需的氧气进入血液循环系统并同时将代谢中产生的废物及二氧化碳排出体外。

成人在安静时的呼吸频率约16~20次/min。

必备知识

呼吸道是气体进出的通道。由鼻、咽、喉、气管、支气管等组成。临床上常把喉以上的呼吸道称为上呼吸道，声门以下包括气管、支气管及在肺内的分支称为下呼吸道。

肺由包括支气管在内的各级分支及无数个泡囊组成，肺泡是气体交换的场所。位于胸腔内，左肺二叶，右肺三叶。肺的表面与胸腔内壁都有一层润滑膜覆盖，形成的空隙称为胸膜腔。胸膜腔内有少许浆液，在呼吸时可以减少两层胸膜的摩擦。胸膜腔在正常情况下呈封闭状态，不与外界相通。

扩展知识

一. 呼吸道

1. 鼻

鼻是呼吸道的起始部分，又是嗅觉器官。鼻可分为外鼻、鼻腔和鼻旁窦3部分，如图2-11和图2-12所示。

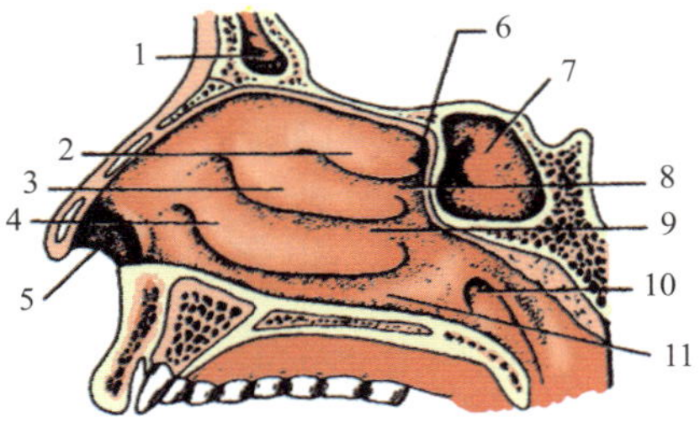

图2-11 鼻腔外侧壁

1—额窦；2—上鼻甲；3—中鼻甲；4—下鼻甲；5—鼻前庭；6—蝶筛隐窝；7—蝶窦；8—上鼻道；9—中鼻道；10—咽鼓管咽口；11—下鼻道

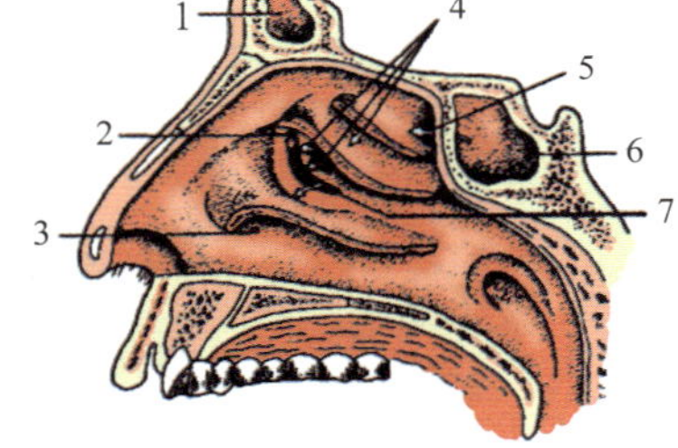

图2-12 鼻旁窦开口

1—额窦；2—额窦的开口；3—鼻泪管的开口；4—筛窦的开口；5—蝶窦的开口；6—蝶筛；7—上颌窦的开口

2．咽

咽是一个前后略扁的漏斗形肌性管道，位于第1～6颈椎的前方，上起颅底，下达第6颈椎下缘移于食管。咽的后壁及侧壁完整，其前壁不完整，分别与鼻腔、口腔和喉腔相通。咽腔是消化道与呼吸道的共同通道，以软腭与会厌上缘为界，分为鼻咽、口咽和咽喉（图2-13和图2-14）。

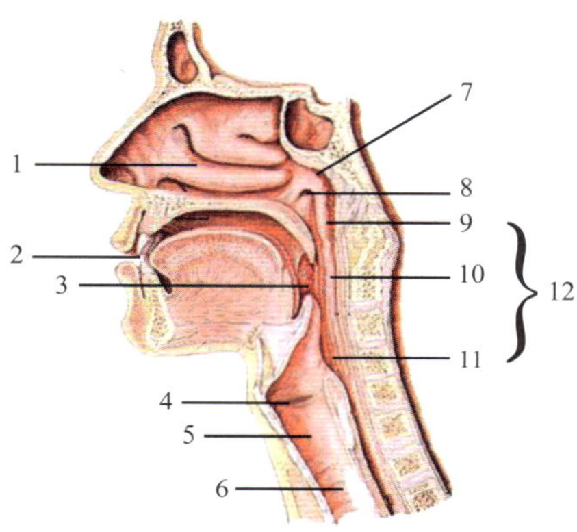

图2-13　头颈部（正中矢状切面）

1—鼻腔；2—口腔；3—腭扁桃体；4—声襞；5—喉；6—气管；7—咽隐窝；8—咽鼓管咽口；9—鼻咽；10—口咽；11—喉咽；12—咽

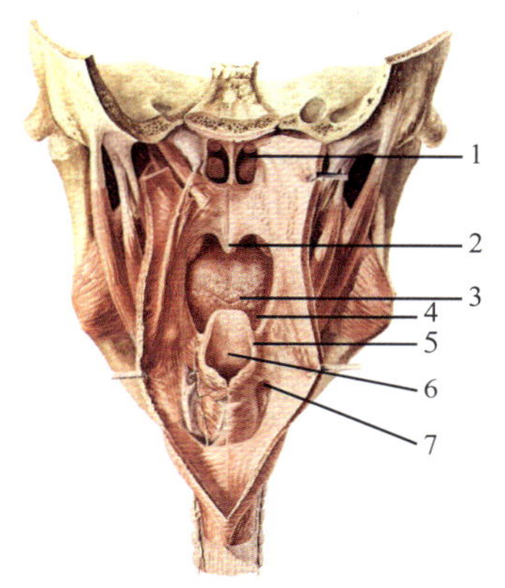

图2-14　咽的后面观

1—鼻后孔；2—腭垂；3—咽峡；4—舌扁桃体；5—会厌；6—喉口；7—梨状隐窝

3．喉

喉既是气体的通道，又是发音器官。

(1)喉的位置

喉位于颈前部正中，喉咽部的前方，相当于第4～6颈椎的高度。喉上通咽，下续气管，可随吞咽或发音而上下移动；喉的两侧与颈部大血管、神经和甲状腺相邻。

(2)喉的结构

喉由数块喉软骨借关节和韧带连成支架，周围附有喉肌，内面衬以喉粘膜构成（图2-15和图2-16）。

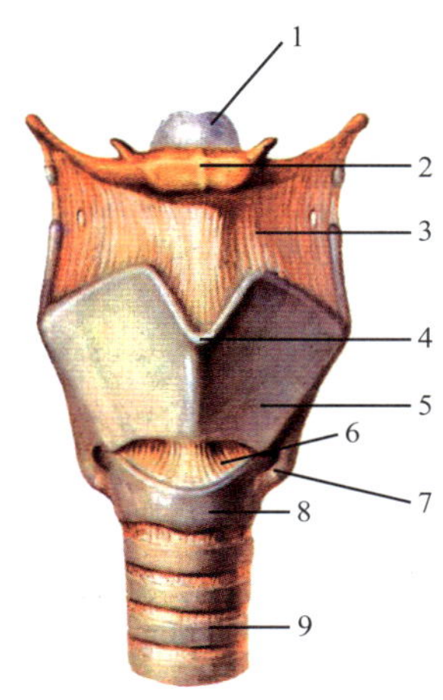

图2-15　喉软骨及其连结（前面）

1—会厌软骨；2—舌骨；3—甲状舌骨膜；4—喉结；5—甲状软骨；6—弹性圆锥；7—环甲关节；8—环状软骨；9—气管

4．气管与主支气管

气管与主支气管是连结于喉与肺之间的通气管道。

二．肺

1．肺的位置与形状

肺位于胸腔内，左、右两肺分居膈的上方和纵隔两侧。肺的质地柔软，富有弹性。

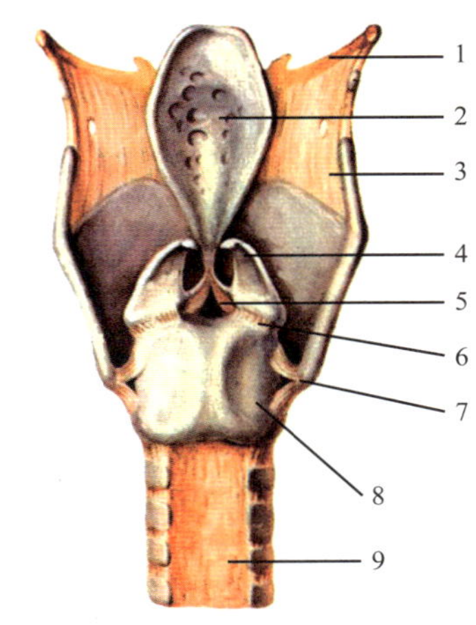

图2–16　喉软骨及其连结（后面）
1–舌骨；2–会厌软骨；3–甲状舌骨膜；4–杓状软骨；5–声韧带；6–环杓关节；7–环甲关节；8–环状软骨；9–气管

肺呈半圆锥形，左肺稍狭长，右肺略宽短。肺的上端钝圆，突入颈根部，称肺尖。肺的下面凹陷称肺底，因与膈相贴，故又称膈面。肺的外侧面与肋和肋间肌相邻，故称肋面。肺的内侧面朝向纵隔，其近中央处有一凹陷为肺门。肺门是主支气管、肺动脉、肺静脉、支气管血管、淋巴管和神经等出入肺的部位，出入肺门的结构被结缔组织包绕，构成肺根。肺的前缘和下缘薄而锐利，左肺前缘下份有一明显的凹陷，称心切迹。

左肺被斜裂分为上、下两叶，右肺被斜裂和水平裂分为上、中、下三叶（图2-17和图2-18）。

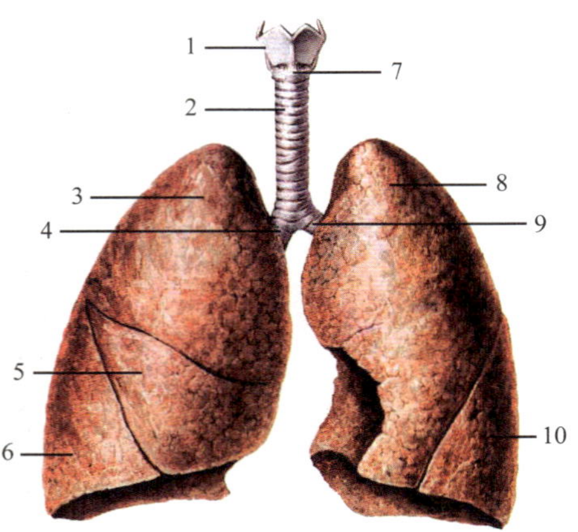

图2–17　气管、主支气管和肺
1–喉；2–气管；3–右肺上叶；4–右主支气管；5–右肺中叶；6–右肺下叶；7–环状软骨；8–左肺上叶；9–左主支气管；10–左肺下叶

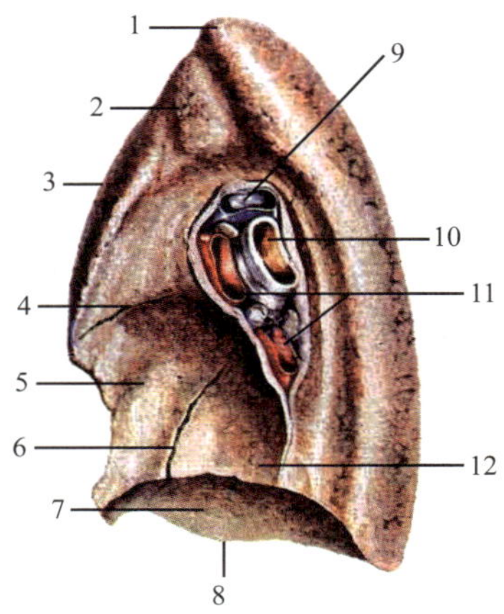

图2–18　右边（内侧面）
1–肺尖；2–上叶；3–前缘；4–水平裂；5–中叶；6–斜裂；7–肺底；8–下缘；9–肺动脉；10–主支气管；11–肺静脉；12–下叶

2．胸膜腔

肺的表面与胸腔内壁都有一层润滑膜覆盖，形成的空隙称为胸膜腔。胸膜腔内有少许浆液，在呼吸时可以减少两层胸膜的摩擦。

3．肺的微细结构

肺可分实质和间质两部分（图2-19），肺实质由支气管树和肺泡构成，肺间质为肺内的结缔组织、血管、淋巴管和神经等。根据功能不同，肺实质又可分为导气部和呼吸部。

(1)导气部

导气部包括肺叶支气管、肺段支气管、小支气管、细支气管以及终末细支气管等，只有传送气体的功能，不能进行气体交换。肺段支气管的反复分支统称为小支气管。当小支气管分支的口径为1mm左右时，称为细支气管。每条细支气管及其各级分支和其所属的肺泡构成一个肺小叶。

(2)呼吸部

呼吸部包括呼吸性细支气管、肺泡管和肺泡等（图2-20），是进行气体交换的部分。

呼吸性细支气管是终末细支气管的分支，管壁上有少数肺泡的开口，故管壁不完整。上皮由单层柱状上皮移行为单层立方上皮，其外围有少量结缔组织和平滑肌。

肺泡管是呼吸性细支气管的分支，管壁上连有许多肺泡。

肺泡为多面形囊泡，每侧肺约有3～4亿个，是进行气体交换的场所。肺泡壁极薄，由肺泡上皮构成，周围有丰富的毛细血管网和少量的

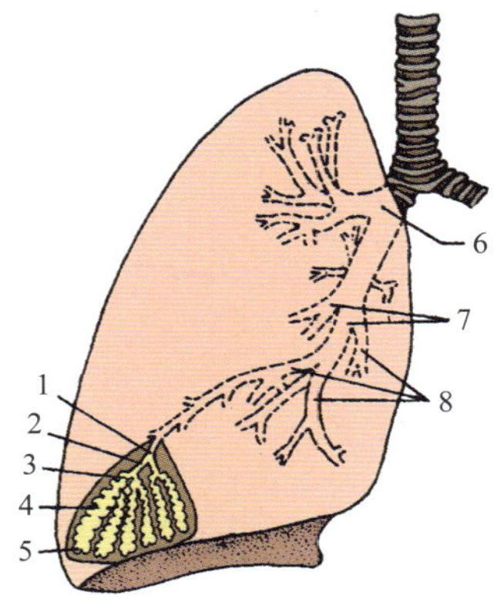

图2–19　肺内结构模式图

1—细支气管；2—终末细支气管；3—呼吸性细支气管；4—肺泡管；5—肺泡；6—主支气管；7—肺叶支气管；8—肺段支气管

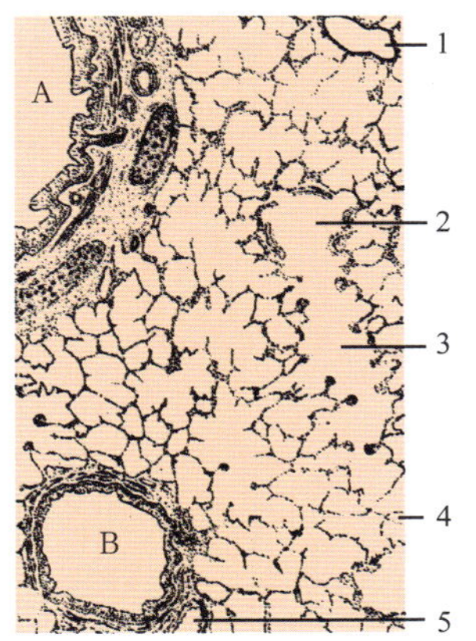

图2–20　肺的微细结构

1—肺静脉的属支；2—呼吸性细支气管；3—肺泡管；4—肺泡；5—肺动脉的分支　A—小支气管；B—细支气管

结缔组织。

相邻肺泡之间的薄层结缔组织称肺泡隔（图2-21），内含丰富的毛细血管网、较多的弹性纤维和肺泡巨噬细胞。

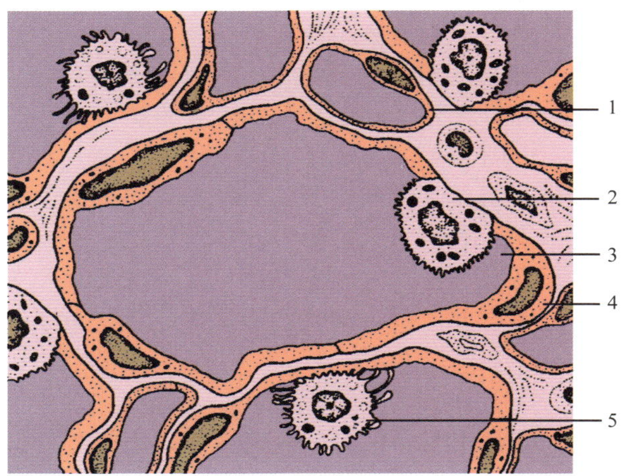

图2—21　肺泡上皮和肺泡隔

1—毛细血管；2—II型肺泡细胞；3—肺泡；4—I型肺泡细胞；5—肺泡巨噬细胞

思考题

1．呼吸系统是由哪些部分组成的?

2．简述肺的位置与形状。

第四节 消化系统

消化系统是保证机体新陈代谢活动正常进行的重要功能系统。其基本功能是摄取食物，进行物理性及化学性消化，吸收其分解后的营养物质和排出消化吸收后剩余的食物残渣。

要点

消化管

口腔：是消化管的起始部分，口腔内的牙齿有咀嚼食物功能。舌头能分辨食物的味道和辅助发音。

咽：是一垂直的肌性管道，呈漏斗形，位于鼻腔、口腔、喉的后方。

食管：呈一扁狭肌性长管状，是消化管各段中最狭窄的部分。上端续咽，下端经贲门与胃连接，全长约25cm。

胃：位于腹腔的上方，是消化道最膨大的部分，其容量约1L。胃具有容纳食物、分泌胃液、调和食糜的作用，此外还有内分泌功能。胃的入口叫贲门，胃下端移行于十二指肠的出口叫幽门，如图2-22所示。

小肠：是消化管中最长的一段，也是进行消化吸收的最主要部位。上端起自幽门，下端与盲肠相接，成人的小肠全长5～7m，分为十二指肠、空肠与回肠三部分。

大肠：是消化管的末段，长约1.5m，上接回肠末端，下止于肛门，它比小肠短而粗，主要功能是吸收水分形成粪便。大肠包括盲肠、结肠和直肠。

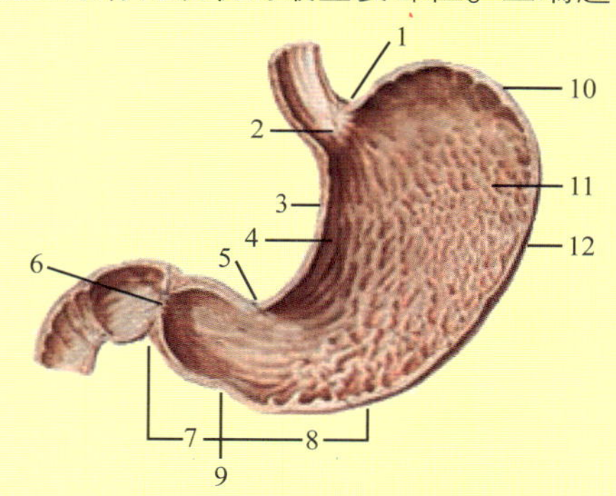

图2-22 胃器官

1-贲门切迹；2-贲门；3-胃小弯；4-胃道；5-角切迹；6-幽门；7-幽门管；8-幽门窦；9-中间沟；10-胃底；11-粘膜皱襞；12-胃大弯

消化腺

口腔腺：在口腔周围有3对唾液腺，这些腺体有管子通往口腔，向口腔分泌腺液，对食物进行化学消化，有腮腺、颌下腺、舌下腺。

肝脏：是人体最大的消化腺，

位于腹腔的右上方，肝脏分泌的主要消化液叫胆汁。在肝脏的表面有一个梨形的囊状袋，叫胆囊，储存和浓缩胆汁。肝脏的主要功能是代谢、贮存糖元、解毒、分泌胆汁及吞噬防御等重要功能。

胰腺：是仅次于肝脏的大腺体，也是在消化过程中起主要作用的消化腺。位置较深，在腹腔后上部。它分泌胰液，胰液内含有分解蛋白质、淀粉及脂肪的各种酶。

必备知识

消化系统由消化管和消化腺两大部分组成。

一．消化管

可以分为口腔、咽、食道、胃、小肠（十二指肠、空肠、回肠）、大肠（盲肠、结肠、直肠）等，如图2−23所示。此外，口腔、咽等还与呼吸、发音、语言等活动有关。

一般把从口腔到十二指肠的一段消化管称为上消化道，空肠以下的部分称为下消化道。

二．消化腺

包括大唾液腺、肝、胰以及散在于口唇至肛门整个消化管管壁内的无数小腺体，它们均借排出管道将分泌物排入消化管腔内，从而对食物进行化学性消化。

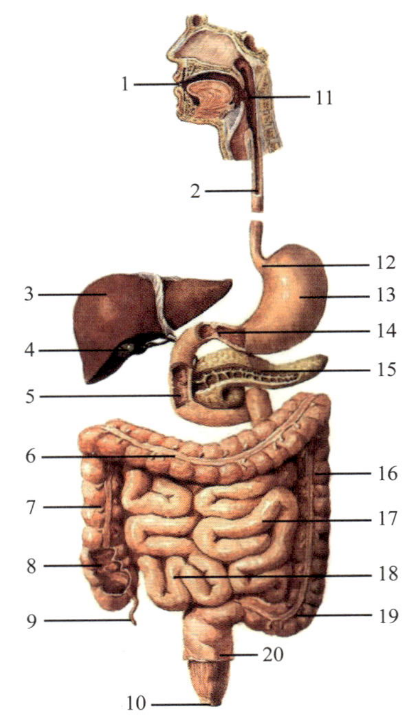

图2−23　人体消化系统

1−口腔；2−食管；3−肝；4−胆囊；5−十二指肠；6−横结肠；7−升结肠；8−盲肠；9−阑尾；10−肛门；11−咽；12−贲门；13−胃；14−幽门；15−胰；16−降结肠；17−空肠；18−回肠；19−乙状结肠；20−直肠

思考题

1．简述消化系统的构成。

2．消化管和消化腺的作用有哪些？

第五节 神经系统

神经系统可分为中枢神经系统和周围神经系统两部分。

要点

神经系统由脑和脊髓及其与之相连的脑神经、脊神经及其神经节组成。神经系统一方面通过直接或间接地调节体内各器官、组织和细胞的活动，并使之相互联系，相互制约，相互协调而成为统一的整体；另一方面使人体适应内外环境的变化。因此，神经系统在人体功能调节中起主导作用，使机体与内外环境之间保持相对稳定。

必备知识

(1)中枢神经系统包括脑和脊髓。脑位于颅腔内，分为端脑、间脑、中脑、脑桥、延髓和小脑六部分；脊髓位于椎管中，是脑组织向下延伸的部分。

大脑是中枢神经系统的最高级部分，是进行思维和意识活动的器官。大脑分左右两半球，各自管理对侧的人体活动，若大脑一侧受损，则对侧发生瘫痪（图2–24）。

小脑在大脑的后下方，位于脑干背侧，有维持躯体平衡和协调随意运动的功能。如果小脑受损，则闭目直立不能完成，走路时摇晃不定，不能完成精巧的动作（图2–25）。

脑干在脑的中央部位，由间脑、中脑、脑桥和延髓组成。间脑是调节植物性神经活动的高级中枢，也是人体情绪性反应，即喜、怒、哀、乐等高级调节部位，并且对体温及物质代谢起调节作用。延髓为生命中枢，控制心跳、呼吸、血压等，这个部位的严重受损可引起心跳与呼吸停止、血压下降而导致死亡。

(2)周围神经系统包括12对脑神经和31对脊神经。它们分别由脑和脊髓发出用来控制头、面部以及躯干四肢的感觉和运动。这些神经分布到全身各处。中枢神经系统通过周围神经系统与身体各部分的联系来调节全身各部位的活动（图2–26）。

另外，还有自主神经，它们主要分布于内脏、心血管和腺体等组织中，分别管理平滑肌、心肌的运动和腺体的分泌。

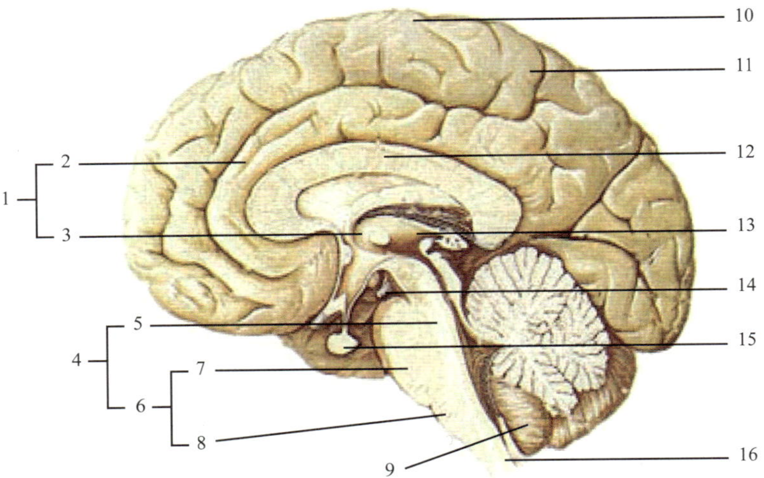

图2—24　脑部结构图

1—前脑；2—端脑；3—间脑；4—脑干；5—中脑；6—后脑；7—脑桥；8—延脑；9—小脑；10—大脑皮层；11—大脑；12—胼胝体；13—丘脑；14—下丘脑；15—垂体；16—脊髓

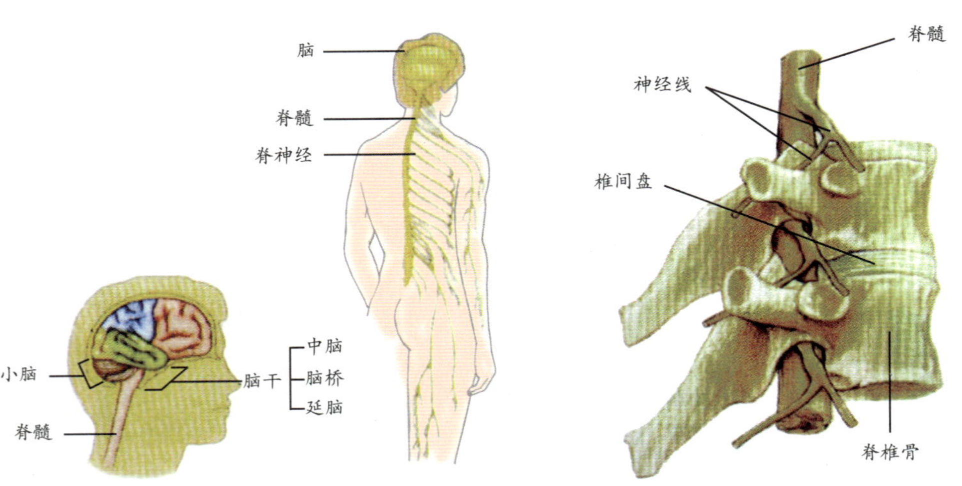

图　2—25

图　2—26

扩展知识

一．中枢神经系统

1．脊髓

(1)脊髓的位置和形态

脊髓位于椎管内，上端在枕骨大孔处与延髓相连，下端在成人约平对第1腰椎体下缘。脊椎呈前后略扁的圆柱状，并可见两处膨大，分别为颈膨大和腰骶膨大（图2-27），这两处膨大与四肢的发生、发展相关。在腰骶膨大以下脊髓变细呈圆锥状，称脊髓圆锥。自脊髓圆锥向下延伸出一条细丝，称终丝。

脊髓表面有6条纵沟，前面正中纵行的深沟称为前正中裂，后面正中纵行的浅沟称后正中沟。前正中裂两侧有2条纵行浅沟称前外侧沟，是脊神经前根穿出处；后正中沟的两侧也有2条纵行浅沟称后外侧沟，为脊神经后根穿出处。前、后根在椎间孔处合成脊神经。

(2)脊髓节段与椎骨的对应关系

由于脊髓短而椎管长，使脊髓节段与相应序数的椎骨不完全对应（图2-28）。熟悉脊髓节段与椎骨的对应关系，对确定脊髓和脊柱病变的位置和范围有重要意义。

(3)脊髓的内部结构

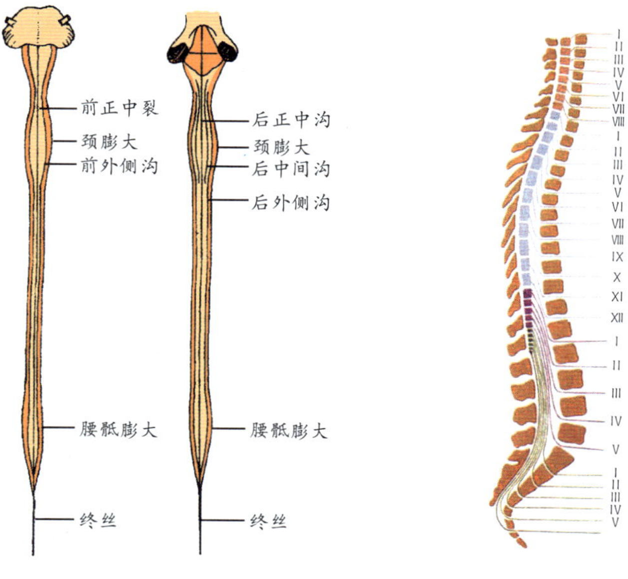

图2–27　脊髓

图2–28　脊髓节段与椎骨序数的关系

脊髓由灰质、白质和中央管构成。在脊髓水平切面上，可见灰质围绕中央部，呈“H”形分布；白质位于灰质的周围。中央管位于灰质的中央，纵贯脊髓的全长，向上连通第四脑室。中央管前、后的灰质分别称灰质前连合和灰质后连合。

①灰质：灰质（图2-29）主要由神经元胞体组成。每一侧灰质向前伸出前角（前柱）和向后伸出后角（后柱），在胸髓和上3腰髓的前角和后角之间还有向外侧突出的侧角（侧柱）。

②白质：白质（图2-29）位于灰质周围，主要由长的上行（感觉）纤维束和下行（运动）纤维束及短的固有束组成（图2-30）。

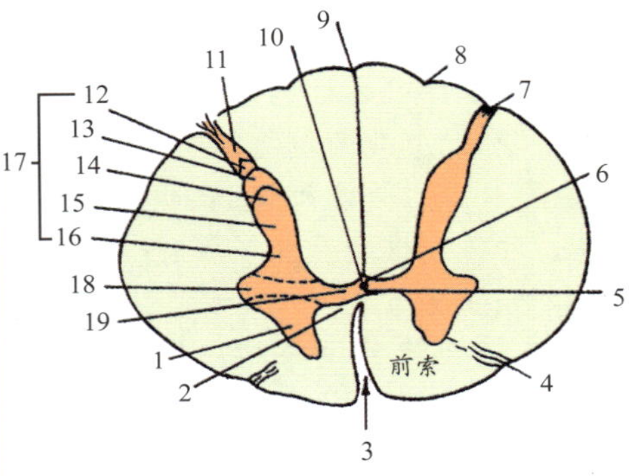

图2-29 脊髓的灰质和白质

1—前角；2—白质前连合；3—前正中裂；4—前外侧沟；5—灰质前连合；6—灰质后连合；7—后外侧沟；8—后中间沟；9—后正中沟；10—中央管；11—背外侧束；12—尖；13—胶状质；14—头；15—颈；16—底；17—后角；18—灰质中间带；19—中央灰质

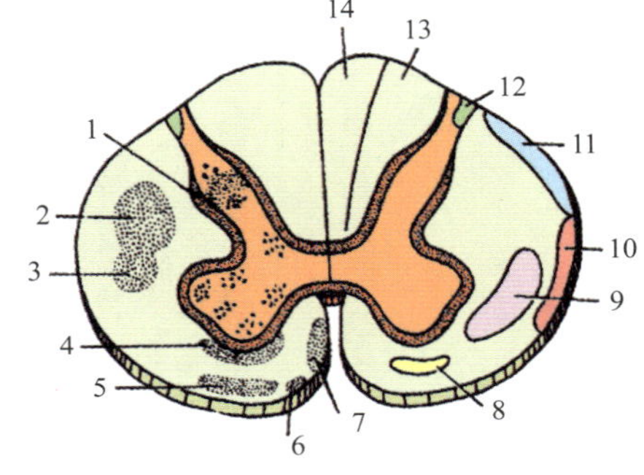

图2-30 脊髓白质内的传导束

左侧：下行传导束；右侧：上行传导束

1—固有束；2—皮质脊髓侧束；3—红核脊髓束；4—网状脊髓束；5—前庭脊髓束；6—顶盖脊髓束；7—皮质脊髓前束；8—脊髓丘脑前束；9—脊髓丘脑侧束；10—脊髓小脑前束；11—脊髓小脑后束；12—背外侧束；13—楔束；14—薄束

(4)脊髓的功能

①反射功能：脊髓是低级反射中枢。脊髓反射主要有骨骼肌的反射活动，如屈曲反射、牵张反射等。此外，脊髓也能完成简单的内脏反射，如排便、排尿反射等。

②传导功能。脊髓内的上行、下行纤维束是联系脑与身体各部间的传导通路的中继站。脊髓损伤将直接影响脊髓的功能。

2. 脑

脑位于颅腔内，可分为端脑、间脑、中脑、脑桥、延髓和小脑6部分（图2-31和图2-32）。

(1)脑干

脑干（图2-33和图2-34）自下而上由延髓、脑桥和中脑3部分组成。延髓在枕骨大孔处下接脊髓，中脑上连间脑，延髓和脑桥的背面与小脑

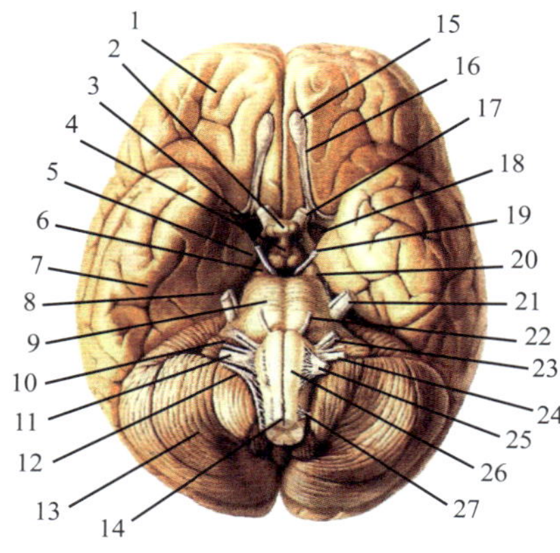

图2-31　脑的底面

1—大脑额叶；2—垂体；3—嗅三角；4—灰结节；5—钩；6—大脑脚；7—大脑颞叶；8—海马旁回；9—脑桥；10—舌咽神经；11—迷走神经及副神经脑根；12—副神经脊髓根；13—小脑；14—锥体交叉；15—嗅球；16—嗅束；17—视神经；18—前穿质；19—动眼神经；20—滑车神经；21—三叉神经节；22—展神经；23—面神经；24—前庭蜗神经；25—舌下神经；26—延髓；27—第1颈神经前根根丝

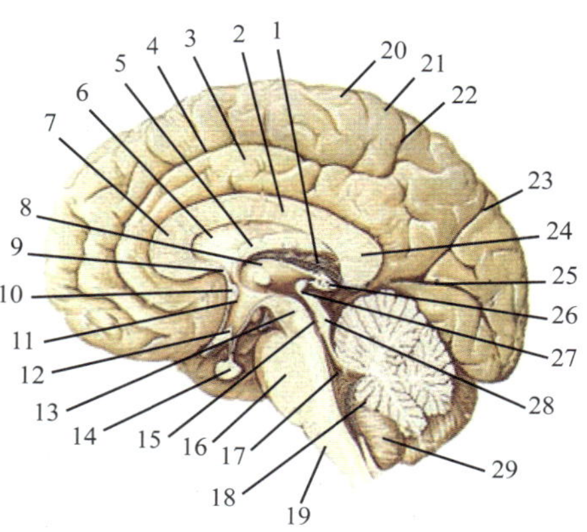

图2-32　脑的内面

1—第三脑室脉络组织；2—胼胝体干；3—扣带回；4—扣带沟；5—穹隆；6—透明膈；7—胼胝体漆；8—背侧丘脑；9—胼胝体嘴；10—前连合；11—终板；12—视交叉；13—大脑脚；14—垂体；15—大脑水管；16—脑桥；17—第四脑室；18—第四脑室脉络丛；19—延髓；20—中央旁小叶（前部）；21—中央旁小叶（后部）；22—边缘支；23—顶枕沟；24—胼胝体压部；25—距状沟；26—松果体；27—后连合；28—下丘；29—小脑扁桃体

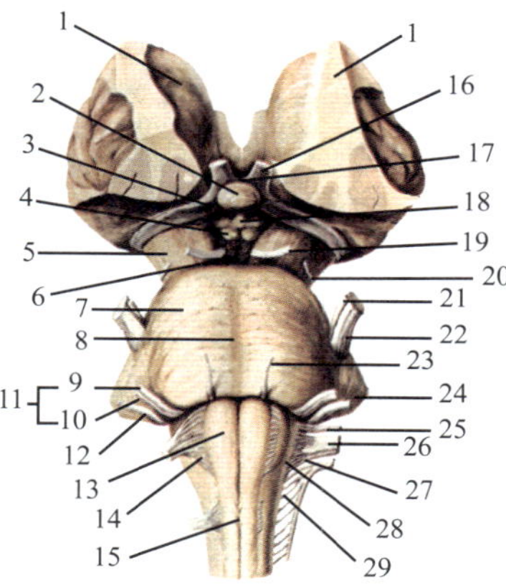

图2-33　脑干（腹面）

1—尾状核头；2—垂体；3—视束；4—乳头体；5—大脑脚；6—脚间窝；7—脑桥；8—基底沟；9—运动根；10—中间神经；11—面神经；12—前庭蜗神经；13—锥体；14—橄榄；15—锥体交叉；16—视神经；17—视交叉；18—灰结节；19—动眼神经；20—滑车神经；21—三叉神经运动根；22—三叉神经感觉根；23—展神经；24—小脑中脚；25—舌咽神经；26—迷走神经；27—副神经脑根；28—舌下神经；29—副神经脊髓根

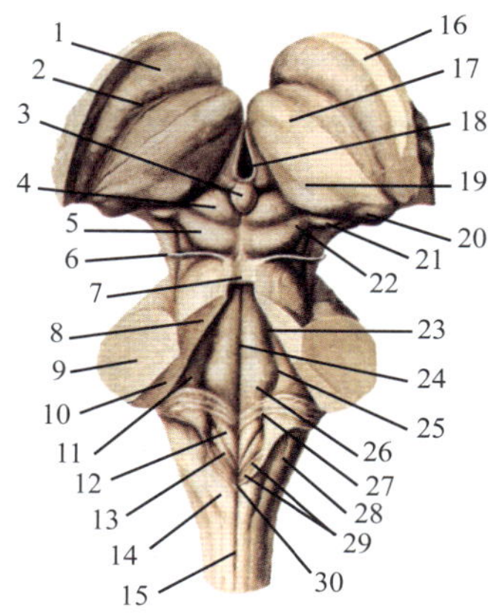

图2-34　脑干（背面）

1—尾状核；2—终纹；3—松果体；4—上丘；5—下丘；6—滑车神经；7—上髓帆；8—小脑上脚；9—小脑中脚；10—小脑下脚；11—前庭区；12—舌下神经三角；13—迷走神经三角；14—薄束结节；15—后正中沟；16—内囊；17—背侧丘脑；18—第三脑室；19—丘脑枕；20—外侧膝状体；21—内侧膝状体；22—下丘臂；23—蓝斑；24—正中沟；25—界沟；26—面神经丘；27—髓纹；28—楔束结节；29—分隔索和最后区；30—闩

相连。

(2)小脑

小脑（图2-35和图2-36）位于颅后窝，在延髓和脑桥的后方，通过小脑下脚、中脚和上脚与脑干相连。

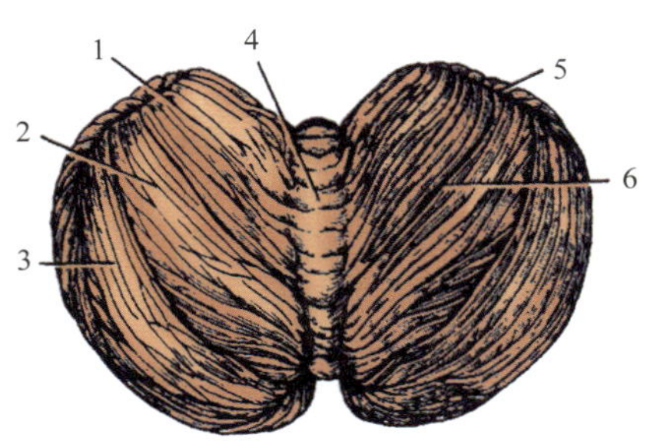

图2—35　小脑（上面）

1—方形小叶前部；2—方形小叶后部；3—上半月小叶；4—小脑蚓；5—水平裂；6—原裂

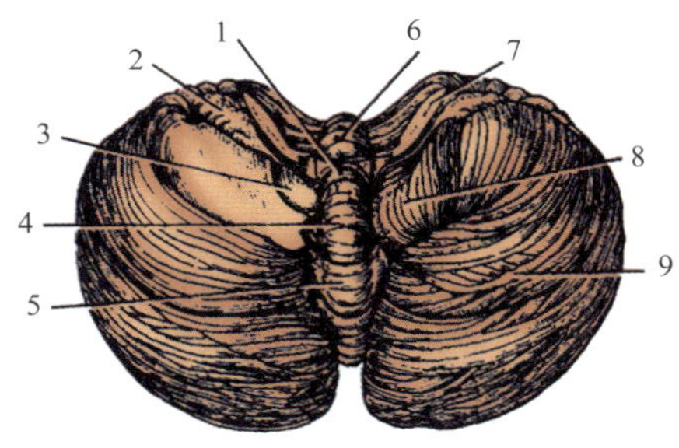

图2—36　小脑（下面）

1—小结；2—绒球；3—下髓帆；4—蚓垂；5—蚓垂体；6—中央小叶；7—小脑中脚；8—小脑扁桃体；9—二腹小叶

(3)间脑

间脑（图2-37）位于中脑与端脑之间，大部分被大脑半球遮盖，仅有部分腹侧部露于脑底。间脑中间的窄腔为第三脑室。间脑可分为背侧丘脑、后丘脑、上丘脑、底丘脑和下丘脑5部分。

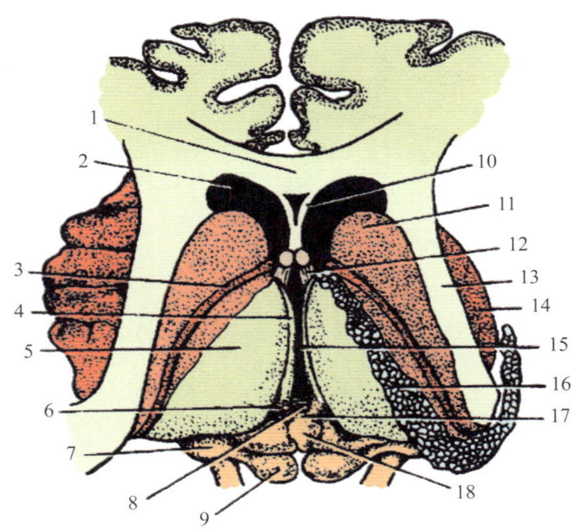

图2—37　间脑（背面）

1—胼胝体；2—侧脑室前角；3—终纹；4—丘脑髓纹；5—背侧丘脑；6—缰三角；7—内侧膝状体；8—后连合；9—下丘；10—透明隔；11—尾状核；12—穹隆柱；13—内囊；14—豆状核；15—第三脑室；16—侧脑室脉络丛；17—缰连合；18—松果体

(4)端脑

端脑由两侧大脑半球借胼胝体连结而成，是大脑最发达的部分。左右两大脑半球由大脑纵裂将其分开，大脑纵裂底部有连结两半球的横行纤维，称胼胝体。大脑半球表面的一层灰质称大脑皮质，皮质深面是髓质（白质），深埋在髓质内的一些灰质核团称基底核。大脑半球内部的腔隙称侧脑室。

二．周围神经系统

1．脊神经

脊神经共31对，每对脊神经通过前根和后根与相应的脊髓节段相连，两根在椎间孔处合成一条脊神经。前根由脊髓前角内的躯体运动神经元和侧角内的内脏运动神经元（交感神经元）发出的轴突所组成，因此前根为运动性。后根在近椎间孔处有一椭圆形膨大的脊神经节，为感觉性的假单极神经元胞体聚合而成，其周围突分布到躯体和内脏接受刺激，因此后根为感觉性（图2-38）。

前根和后根在椎间孔处合成一条粗短的脊神经，可见脊神经为混合性神经，含有躯体感觉纤维、内脏感觉纤维、躯体运动纤维和内脏运动纤维4种成分。脊神经出椎间孔后立即分为4支（图2-38）：脊膜支、交通支、后支和前支。

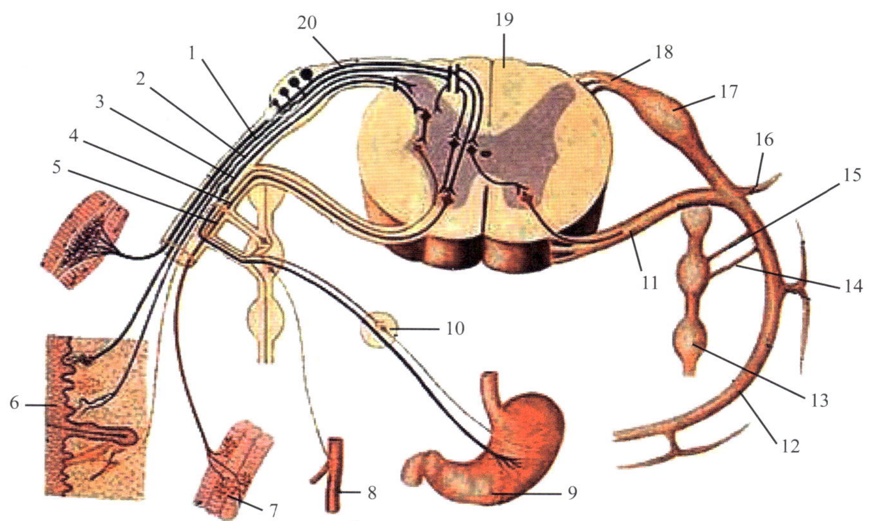

图2—38 脊神经组成、分支及分布示意图

1—躯体感觉纤维（触觉）；2—躯体感觉纤维（痛觉）；3—内脏感觉纤维；4—内脏运动纤维；5—躯体运动纤维；6—肌梭；7—皮肤；8—骨骼肌；9—血管；10—腹腔神经节；11—前根；12—前支；13—交感干神经节；14—白交通支；15—灰交通支；16—后支；17—脊神经节；18—后根；19—脊髓；20—躯体感觉纤维（本体感觉）

2. 脑神经

脑神经是与脑相连的周围神经，共12对（图2-39），其排列顺序一般用罗马字表示，即Ⅰ嗅神经、Ⅱ视神经、Ⅲ动眼神经、Ⅳ滑车神经、Ⅴ三叉神经、Ⅵ展神经、Ⅶ面神经、Ⅷ前庭蜗神经、Ⅸ舌咽神经、Ⅹ迷走神经、Ⅺ副神经、Ⅻ舌下神经。每对脑神经中所含的纤维不尽相同，脑神经中的纤维有躯体感觉纤维、内脏感觉纤维、躯体运动纤维和内脏运动纤维等。根据脑神经所含纤维成分的不同，将脑神经分为感觉性神经（Ⅰ、Ⅱ、Ⅷ对脑神经）、运动性神经（Ⅲ、Ⅳ、Ⅵ、Ⅺ、Ⅻ对脑神经）和混合性神经（Ⅴ、Ⅶ、Ⅸ、Ⅹ对脑神经）。

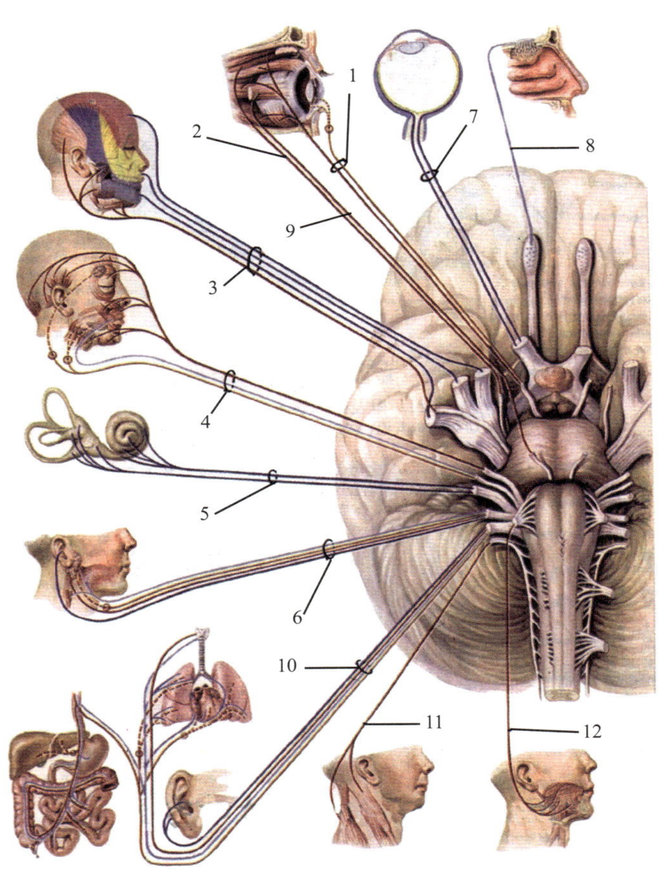

图2—39　脑神经示意图

1—动眼神经；2—滑车神经；3—三叉神经；4—面神经；5—前庭窝神经；6—舌咽神经；7—视神经；8—嗅神经；9—展神经；10—迷走神经；11—副神经；12—舌下神经

三. 神经系统的活动方式

神经系统的活动极为复杂，其最基本的活动方式是反射。反射是指神经系统对内、外环境变化作出的反应。反射的结构基础称反射弧（图2-40），由感受器、传入（感觉）神经、中枢、传出（运动）神经核效应器5部分组成。

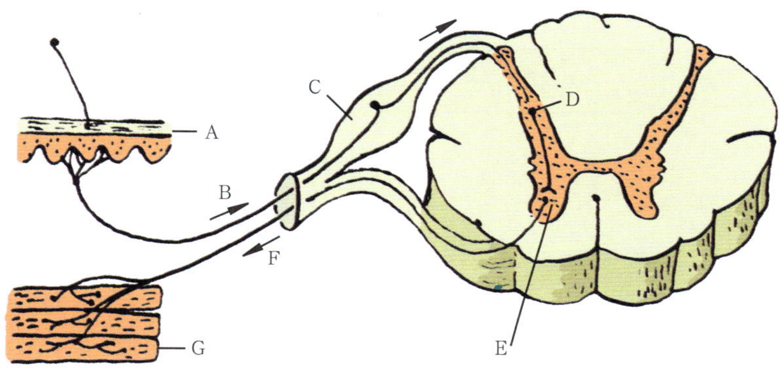

图2-40　反射弧示意图

A—感受器；B—传入神经；C—感觉神经元；D—联络神经元；E—运动神经元；F—传出神经；G—效应器

思考题

1. 神经系统的分类有哪些？
2. 简述神经系统的活动方式。

第三章 病情判定

第一节 生命体征的判定方法

要点

心跳（脉搏）

测定方法：以两手指触摸伤病员颈动脉脉搏。如图3-1所示。

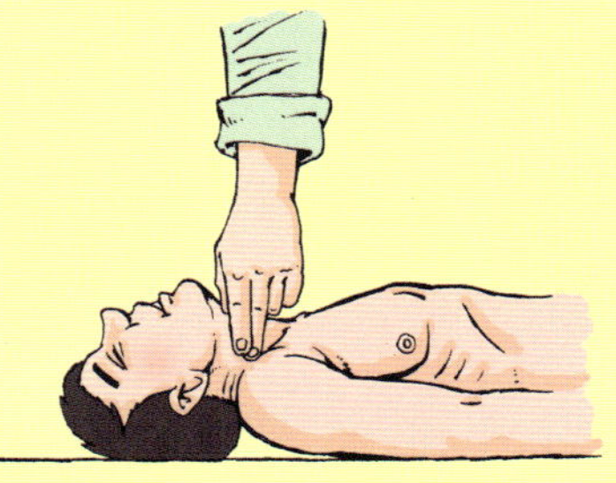

图3-1 颈动脉脉搏

呼吸

测量方法：在安静情况下观察病人胸部或腹部的起伏，一起一伏表示呼吸一次。呼吸与脉搏的比例为1:4。对意识丧失病人可通过观察其胸腹部有无起伏或使其头后仰以耳朵贴近其口鼻部听有无呼吸声音和感觉有无气流拂面，来检查呼吸情况。对危重病人呼吸表浅不易观察起伏，可以用小棉花放在鼻孔旁，观察棉花吹动次数，进行计数。如图3-2所示。

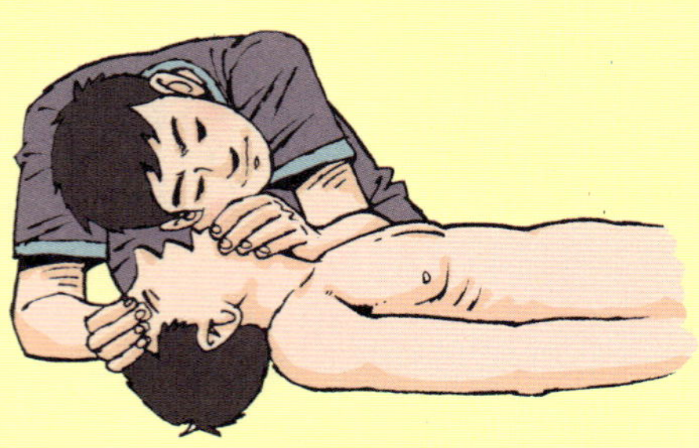

图3-2 检查呼吸

瞳孔

两侧瞳孔一大一小：在脑中风、严重颅脑外伤时出现，表明发生了脑水肿、脑疝，病情危重，需要立即抢救。

两侧瞳孔均为针尖大小：在急剧中毒（如有机磷农药中毒、吗啡中毒、海洛因中毒等）及脑干出血时出现，表明病情危重，必须立即抢救。

两侧瞳孔显著扩大，直径4～5mm，表示病人濒临死亡或已经死亡。

意识障碍

意识是指人对周围环境和自身的识别能力及清晰程度，是大脑功能活动的综合表现。正常人的意识清晰，对答正确，能够正确地识别时间、地点、人物，能对环境的刺激作出相应的反应。通过观察病人的意识状态，可以判断病情的严重程度。

意识不清的几种情况：病人倒在地上或床上，睡眠中叫不醒，大声呼喊病人名字并摇晃身体也毫无反应；将病人从睡眠中叫醒，很快又睡过去；神志恍惚、淡漠，不能正确回答问题，回忆不清楚周围的人和事。

意识的判断方法：轻拍病人面部或肩部，并大声叫喊病人，同时拍打或用力摇晃其肩膀，如果病人毫无反应，说明病人神志丧失。

一．体温

人体温度保持恒定是进行新陈代谢和正常生命活动的必要条件。测量体温通常用体温表，其特点是当表内水银柱升高后不能自动下降，离体时仍能停留在原刻度上，使用方便。目前还有电子体温计、红外体温计（图3–3）及半导体体温计等。

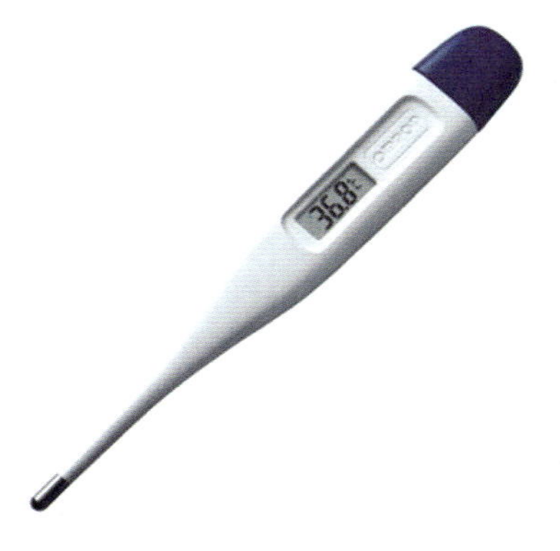

a)

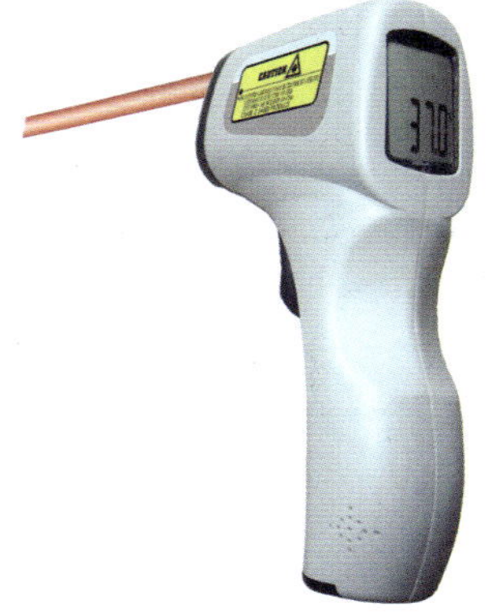

b)

图3–3　体温计

a）电子体温计；b）红外体温计

用体温计测量体温基本上有3种方式：

(1)口测法。将消毒过的体温表置于舌下，然后紧闭口唇，不用口腔呼吸，测定5min，正常值为36.3～37.2℃。

(2)腋测法。将腋窝汗液擦干，然后把体温表放在腋窝深处，用上臂将体温表夹紧，测量10min，正常值为36～37℃。

(3)肛测法。此种测法体温表是专测肛温的，比通常使用的体温表短些、粗些，将肛表的水银端涂液体石蜡油，病人屈膝侧卧，徐徐插入肛门深达肛表的1/2为止，5min后取出，正常值为比口腔温度高0.3～0.5℃。

二．心跳

正常情况下，由于心脏的跳动使全身各处动脉壁产生有节律的搏动，这种搏动称为脉搏。正常人脉搏次数与心跳次数相一致，而且节律均匀、间隔相等。每分钟60～100次。发热时脉搏也增快，体温每升高1℃脉搏增快10～20次/min。测定方法：数脉搏前嘱病人安静，一般取桡动脉，将食指、中指、无名指并列，平放于选定的位置，检查压力大小以能清楚感到波动为宜。

三．血压

血压是流动着的血液对血管壁所产生的压力。压力来源于左心室收缩产生的推动力及血管系统对血流的阻力。心脏收缩时，动脉血压达到最高值，称之为收缩压；心脏舒张时，血压降低，在舒张末期血压降至最低值，称之为舒张压。正常血压值：一般以测肱动脉为标准。正常成人安静状态下的血压范围为收缩压90～140mmHg（12～18.6kPa），舒张压：60～90mmHg（8～12kPa）。二者之差为脉压，脉压30～40mmHg（4～5.3kPa）。测量血压是判断心功能与外周血管阻力的最好方法。

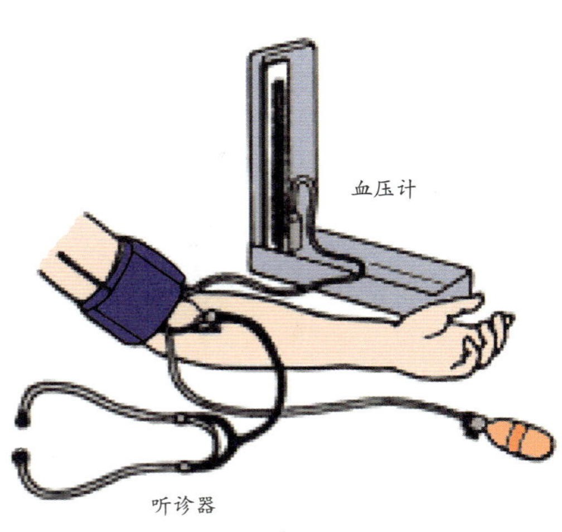

图3-4　血压测量示意图

血压的测量方法：一般测右上臂，血压计最好与心脏同高，打开血压计将袖带内的气体排除，平整地缠在右上臂的中1/3处，下缘距肘窝20～30mm，松紧适度，把听诊器放在肘窝动脉波动处（图3-4），然后向袖带内打气，等动脉波动消失，再将水银柱升高20～30mm，缓慢地放出袖带中的气体，当听到第一个动脉搏动声音时，水银柱上所显示的压力即为收缩压，之后水银柱渐渐下降至声音消失，或音调节律突然减弱时，水银柱所显示的压力为舒张压。通常连测2～3次，取其最低值。

四．呼吸

呼吸是人体内外环境之间进行气体交换的必需过程，人体通过呼吸而吸入氧气、呼出二氧化碳，从而维持人体正常的生理功能。 正常人呼吸运动均匀而有节律，成人每分钟16～20次。

五．瞳孔

在散射的自然光线下仔细观察瞳孔形状和大小，正常瞳孔特点为正圆形，直径3～4mm,两侧瞳孔等大等圆，边缘整齐，对光反射灵敏。

六．意识及意识障碍

1．意识：是机体对自身及周围环境的感知和理解能力，是中枢神经系统对内外环境刺激做出有意义的应答反应的能力通过语言、行动、情感、躯体运动等表达出来。这种感知或应答能力的减退或消失，即为不同程度的意识障碍。

2．意识障碍：人对环境和自身的识别和觉察能力出现障碍，包括意识水平（觉醒或清醒）的受损；以及意识水平正常而意识内容（认知功能）改变，如嗜睡、昏睡、昏迷以及意识模糊、谵妄等。严重的意识障碍可导致生命体征发生明显变化。

扩展知识

体温测量的注意事项

(1)测量前应将体温计的汞柱甩到36℃以下，否则测量结果高于实际体温；

(2)采用腋测法时，须用上臂将体温计夹紧，否则测量结果低于实际体温；

(3)检查是否局部存在冷热物品或刺激，如用温水漱口、局部放置冰袋或热水袋等，这些因素将影响测量结果。

思考题

1．生命体征观测的指标有哪些？
2．用体温计测量体温基本上有哪几种方式，试分别阐述。
3．试述心跳的测定方法。
4．试述血压的测量方法。
5．如何判定病人是否出现意识障碍？

第二节 死亡判定的标准

在船上若能对船员是否死亡做出准确判定，是对船员生命的抢救和安抚工作的极大贡献。

要点

宣告死亡

现场必须由二人认可的下列死亡现象：

(1)心跳停止；

(2)呼吸停止；

(3)眼球呆滞瞳孔散大；

(4)尸僵尸斑出现；

(5)眼角膜混浊；

(6)腐败。

必备知识

一．病情判断的步骤

当病人突然发病时，最先观察的是意识，其次依次为呼吸、脉搏（心跳）、瞳孔。具体步骤如下：

(1)轻轻摇动或呼唤患者，判断有无反应，是否清醒；

(2)对不省人事的患者，可用仰头抬颏的方法使呼吸道畅通；

(3)靠近患者口鼻，判断是否有呼吸；

(4)触摸颈部，判断是否有颈动脉搏动。

二．判断心跳、呼吸停止及死亡的标准

(1)神志丧失；

(2)颈动脉搏动消失——心脏停跳；

(3)呼吸停止；

(4)瞳孔扩大、固定；

(5)心电图呈一条直线或其他表示心脏停跳的图形；

(6)尸僵尸斑出现；
(7)眼角膜混浊；
(8)腐败。

思考题

死亡判定的标准是什么？

第四章 船上常用急救技术

第一节 基本生命支持——心肺复苏（CPR）

基本生命支持（BLS）是一个紧急生命急救过程，用有效的手段解决呼吸道梗阻、呼吸抑制和循环或心脏抑制。本节着重描述人工呼吸和心脏按压，即心肺复苏（CPR）。

要 点

在心跳、呼吸停止时采取的急救措施称为心肺复苏术，包括人工呼吸和胸外心脏按压。对于各种原因引起的呼吸、心跳骤停，若不能尽快施行心肺复苏术，病人将很快死亡；若不能正确地施行心肺复苏术，病人也不可能得救。因此，不仅医务人员要掌握心肺复苏术，船员也应该熟练掌握，只有这样，才能提高现场和院前抢救水平，使急诊的死亡和残废率明显下降。

心肺复苏术的主要措施包括：胸外心脏按压、开通气道和人工呼吸，简称为CAB（Circulation，Airway，Breathing）。

一．评估现场 准备抢救

1．确保现场环境安全，抢救者平伸两臂，双目上下左右环视评估现场是否安全以及是否适合抢救。若无异则报告：“现场环境安全！”

2．双膝跪地，一条腿膝盖对准病人肩头，另一条对准病人肚脐两腿分开。

二．判断意识

拍双肩两遍呼喊（图4-1）：“喂，你怎么了？喂，你醒醒！”

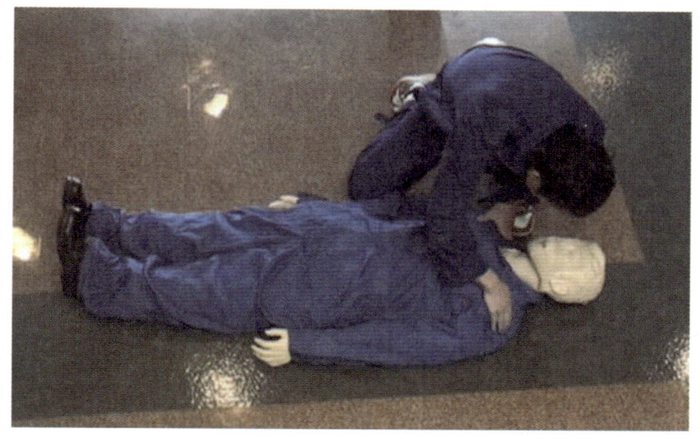

图　4–1

动作要领：轻拍重喊，不要过分摇晃病人头部和身体，必要时掐人中或作压眶检查。

若病人无反应无痛感往往表示心搏骤停。

三．启动现场急救程序

1．大声呼救，如：“快来人啊！这里有人晕倒啦！”使附近其他人前来协助抢救（图4–2）。

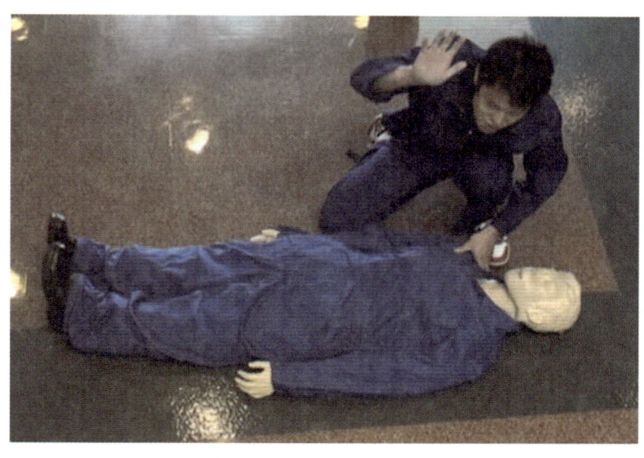

图　4–2

2．拨打“120”等急救电话——可以由其他人(在船上应及时通知驾驶台及船长寻求帮助)操作。

四．摆正病人CPR体位——平卧位

病人仰面平躺在坚实的地面上，头部不得高于胸部。后背不要置于沙发、席梦思等软的物体上面，这样会影响胸外按压的效果。如果病人躺在软床上，应移至地面或在其背部垫上与床同宽度的硬板（图4–3）。

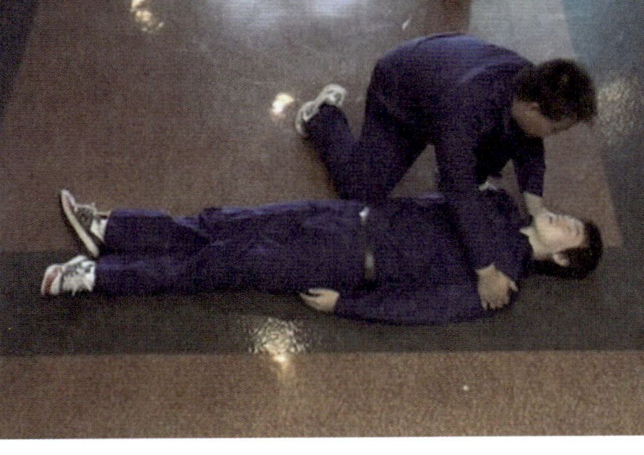

图 4-3

五．检查颈动脉搏动，判断有无心跳

1．颈动脉触摸5～10秒（图4-4）。

2．操作步骤：左手小鱼际下压病人前额，姿势保持不变。同时右手食、中指沿病人下颌骨滑至喉结处向内旁开1～2cm触摸病人颈动脉，也可以同时观察病人呼吸情况。

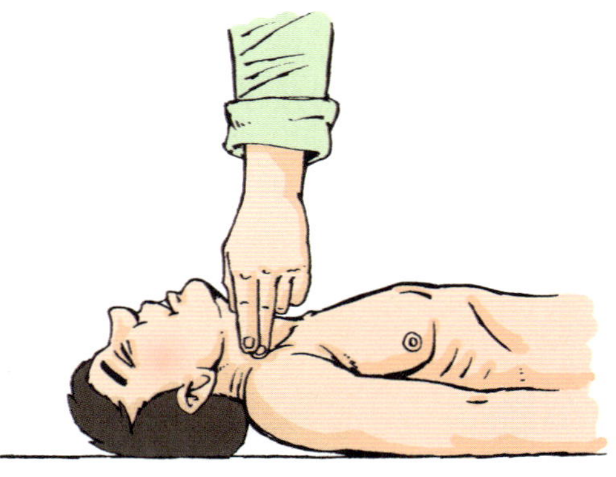

图 4-4

六．胸外心脏按压术

胸外心脏按压配合人工呼吸可为心脏和脑等重要器官提供一定含氧量的血流，为进一步复苏创造条件。具体操作步骤如下：

1．暴露胸部

2．快速有力的胸外心脏按压（图4-5）

a.着力点定位：①病人两乳连线与胸骨柄交界点即胸骨中下1/3处。②抢救者用靠病人腿部一侧手（即抢救者位于病人右侧用右手，位于左侧用左手）的中指和食指顺肋缘向上滑动到剑突下，这时食指和中指与胸骨长轴垂直，食指上方胸骨的正中区即为按压区，由此确定按压时左手掌根的位置。

b.按压要点：双手掌根重叠，左手在下，两手贴合，手指交扣上翘，手掌根部横轴与胸骨长轴确保方向一致。双肩前倾在患者胸部正上方，腰挺直，两臂伸直，以髋关节为支点，用整个上半身的重量垂直下压。使胸骨下陷≥5cm，随后放松。按压和放松的时间大致相等，放松时双手不要离开胸壁，连续30次。按压时最好数双数，如01，02，03，…，按压频率至少100次/分钟。

c.抢救者同时两眼注视病人脸色情况。

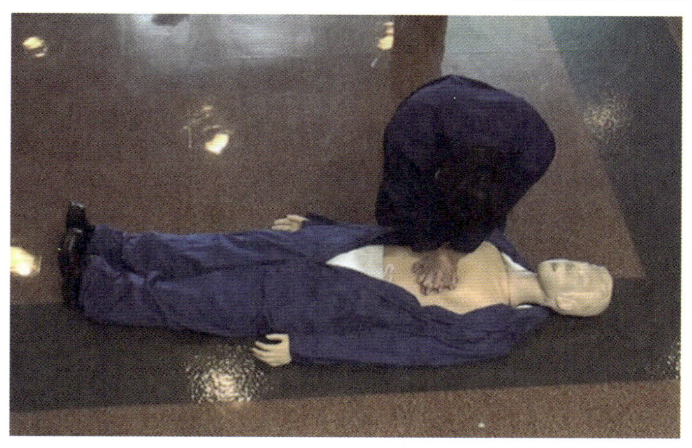

图　4–5

七．开放气道

1．压额提颏法：将一只手的小鱼际压住病人的前额，另一只手的食、中指放在病人下颌中点偏内1～2cm处使下颌骨上抬与地面呈90度直角，这样可使其舌根拉起气道开放并保持此状态直至抢救结束。

2．仰头抬颈法：病人仰卧，抢救者一手抬起病人颈部，另一手以小鱼际侧下压患者前额，使其头后仰，气道开放。

3．双手抬颌法：病人平卧，抢救者用双手从两侧抓紧病人的双下颌并托起，使头后仰，下颌骨前移，即可打开气道。此法适用于颈部有外伤或者颈椎损伤时的抢救。注意，颈部有外伤者只能采用双手抬颌法开放气道，不宜采用压额提颏法和仰头抬颈法，以避免进一步加重脊髓损伤。

八．判断呼吸

抢救者俯身侧耳通过“一看二听三感觉”了解病人有无呼吸，5～10秒完成。注意保持病人下颌上抬开放气道的姿势（图4–6）。

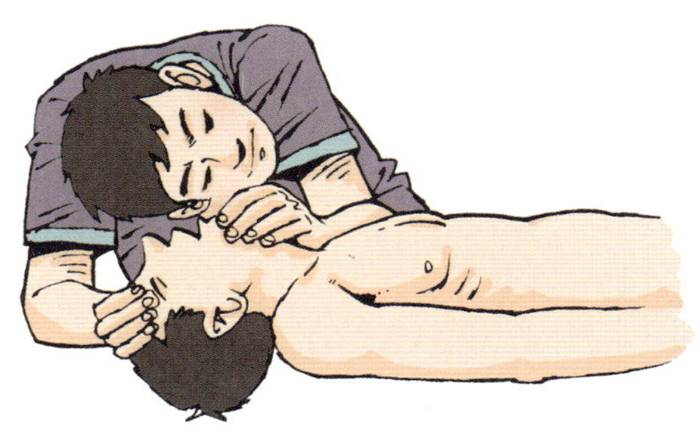

图　4–6

2010年国际心肺复苏指南对判断呼吸不作要求，可以只判断心跳，也可以判断心跳和呼吸同时进行。

九．人工呼吸

人工呼吸法中，最简便、有效的方法是口对口呼吸法，但在抢救吞服剧毒物患者时不适用此法。注意口腔内如有异物或有呕吐物，应立即将其清除，但不可占用过多时间（图4－7）。

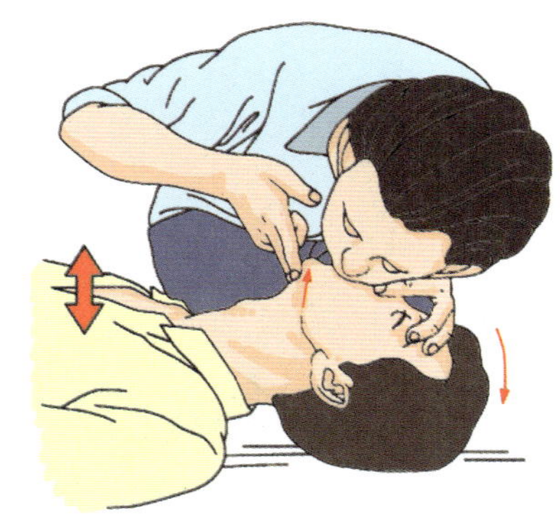

图 4－7

1．保持病人开放气道（开放气道要迅速完成，而且在心肺复苏全过程中，自始至终要保持气道通畅）。开放气道后，应立即给予人工呼吸2次。抢救者用置于病人前额一手的拇指与食指捏住患者鼻孔，另一手食指与中指抬起下颌使头部后仰以打开气道。张口罩紧病人口唇连续缓慢吹气两口，每次约2秒，吹气量为400～600ml。吹气时头转向前，用眼角注视患者病人的胸廓，以看到病人胸廓膨起为有效。吹气后，放开鼻孔待病人呼气，同时抢救者注视病人的胸廓，并吸气，准备下一次吹气。待胸廓下降后吹第二口气。频率为每分钟10～12次。

2．如有简易呼吸器：操作者一手拇、食指作C形状压紧呼吸面罩于病人口鼻处，另三指拉抬其下颌骨使病人处于气道开放位置。

心肺复苏的协调：

无论一人还是两人进行心肺复苏时，均应每30次胸外按压后给予2次吹气，按压和通气比例保持为30：2（图4－8）。

复苏后体位（侧卧位）：

伤病员经抢救后有自主呼吸及心跳但仍处于昏迷状态时，应将伤病员放置于侧卧的体位。或头部旁偏，同时穿好衣服盖上被毯注意保暖（图4－9）。

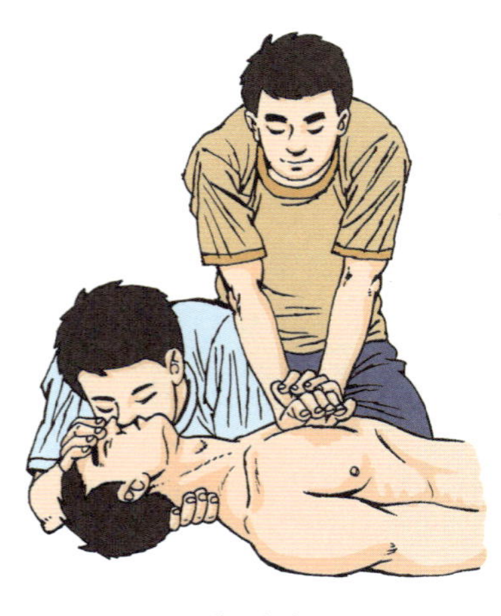

图 4－8

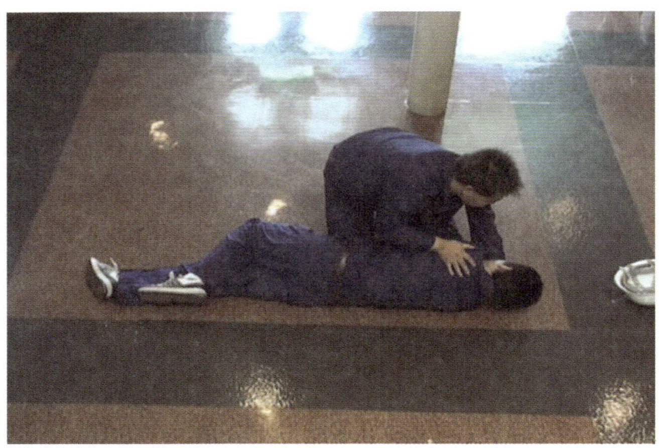

图 4－9

注意事项：

1．抢救要及时；动作要规范，心肺复苏术要持续进行。

2．目前国际上通用一个周期为5个循环（约2分钟），每个循环包括胸外心脏按压30次和2次人工呼吸。

3．一个周期后可停下来判断病人是否恢复自主呼吸和心跳，若没有恢复则继续进行抢救。进行复苏效果判断要求迅速，时间5～10秒。

附：心肺复苏术效果评估

1．心肺复苏术有效指征

(1)昏迷程度变浅，出现各种反射。

(2)出现无意识挣扎动作、呻吟等。

(3)自主呼吸逐渐恢复。

(4)触摸到规律的颈动脉搏动。

(5)面色转红润。

(6)双侧瞳孔缩小，对光反射恢复。

2．终止心肺复苏术的条件

(1)自主呼吸和心跳已有效恢复或有其他专业人员接替抢救。

(2)开始进行CPR前，能确定心跳停止达15分钟以上者。

(3)进行标准基础生命支持和高级生命支持，心脏持续无任何反应达30分钟以上或虽进行基础生命支持抢救，不能达到有效。

(4)救护者因疲惫，周围的环境危险，持续复苏可造成其他人员危险而不得不终止。

扩展知识

一．心前区拳击

胸外按压前，可先尝试拳击复律。方法是：从20～25cm高度向胸骨的中下1/3交界处拳击1～2次，部分患者可瞬间复律。若患者不能恢复脉搏和呼吸，不应继续拳击。应立即改为胸外心脏按压（图4-10）。

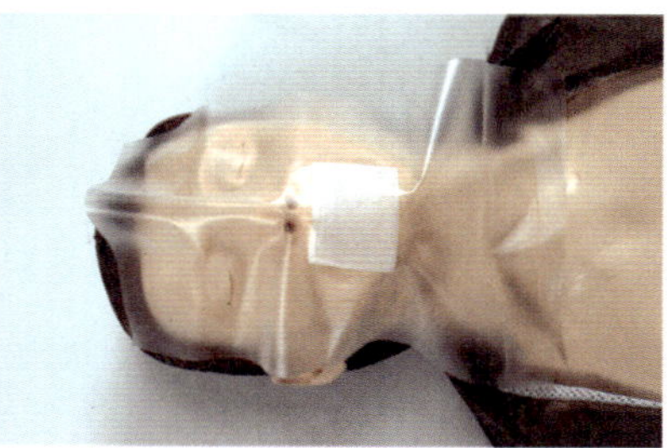

CPR呼吸面膜

一次性呼吸器

图 4—10

二. **胸外心脏按压**

胸外心脏按压时应遵循正确的操作方法，避免并发症的发生。按压时位置要正确，力量要适度，按压频率为≥100次/分钟。使胸骨向脊柱方向下陷≥5cm，然后放松，使胸骨完全复位。切勿用力过猛，以免引起肋骨骨折。胸外心脏按压的主要并发症包括：肋骨骨折、心包积血或心脏压塞、气胸、血胸、肺挫伤、肝脾撕裂和脂肪栓塞。胸外按压的禁忌症主要有：广泛肋骨骨折、心包填塞、心脏外伤、张力性气胸等。

三. **人工呼吸**

(1)判断准确，快速进行。因脑部缺氧超过3min，大脑皮质即可破坏致死，难以康复。

(2)保持呼吸道通畅。先尽可能地将病员置于空气流通处，然后松开衣领和裤带，包括清除口鼻内异物，以免堵塞气道。

(3)做口对口人工呼吸时吹气不宜过猛，吹气的时间占呼吸周期的1/3，每次吹气时间应持续2s，每分钟10～12次。同时要观察病员胸廓有无起伏，较明显隆起时为吹气合适。

(4)服剧毒药物以及口鼻部严重外伤者不能做口对口或口对鼻人工呼吸，胸背部损伤明显者，不做仰卧压胸、俯卧压背及举臂压胸法人工呼吸。

四. **人工呼吸的方式**

开放气道后，将耳朵贴近病人的口鼻附近，感觉有无呼气气流的吹拂感，同时观察病人的胸部和腹部有无起伏动作，并且仔细听有无气流呼出的声音。若无上述体征，可确定无呼吸，应立即实施人工通气。判断及评价时间不应超过10s（最好控制在5s内）。

(1)口对口人工呼吸法

人工呼吸法中，最简便、有效的方法是口对口呼吸法，施救者呼出气体中的氧气足以满足病人的需求。正常人呼吸的气体中，氧占15.5%，二氧化碳为4%左右，当操作者深吸气后再进行口对口呼吸时，呼出的气

体中氧含量可达18%，二氧化碳降为2%，可维持生命的基本需要。

(2)口对鼻人工呼吸法

当病人口腔严重外伤、牙关紧闭不宜做口对口人工呼吸时，可采用口对鼻人工呼吸法。该法的操作与口对口呼吸法相似，只是吹气时应关闭口腔，病人呼气时应开放其口腔，如图4-11所示。

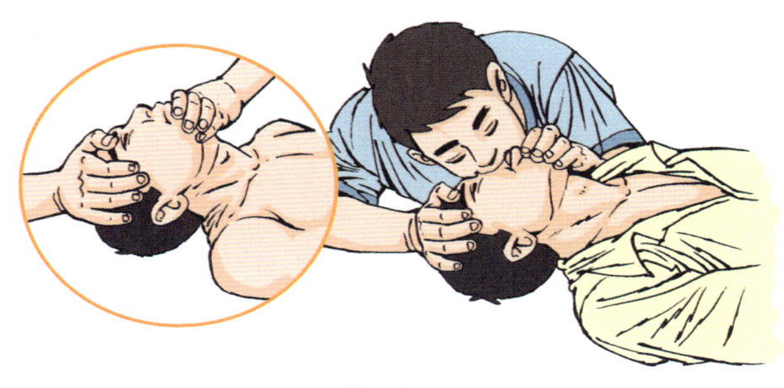

图　4—11

(3)举臂压胸法

举臂压胸法的效果仅次于口对口人工呼吸法。而且，这种方法特别适用于服毒的病人，如图4-12所示。

具体操作方法如下：

使病人仰卧，在肩下垫一枕头或较软的衣物，头偏向一侧，急救者跪于病人头前，双手分别握住病人两前臂近肘部，将上臂拉直过头，此时病人胸部被动扩张使空气吸入；然后再屈两臂，将肘部放回下半部，并压迫其前侧两肋弓，使胸部缩小，空气呼出，如此反复进行，10～12次/min。

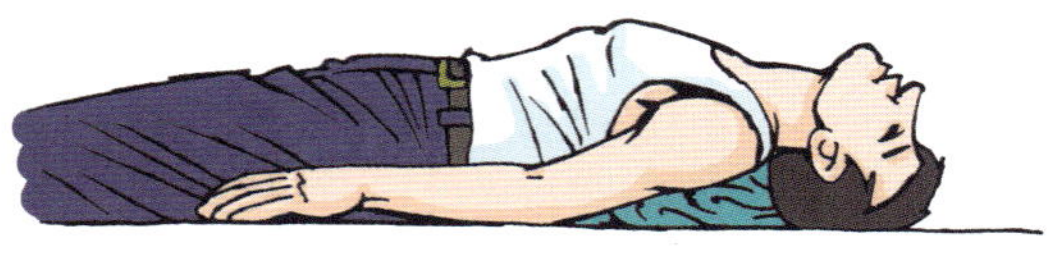

a)

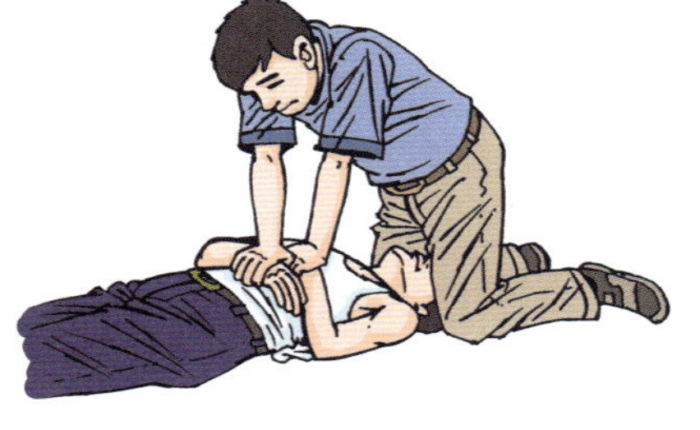

b)

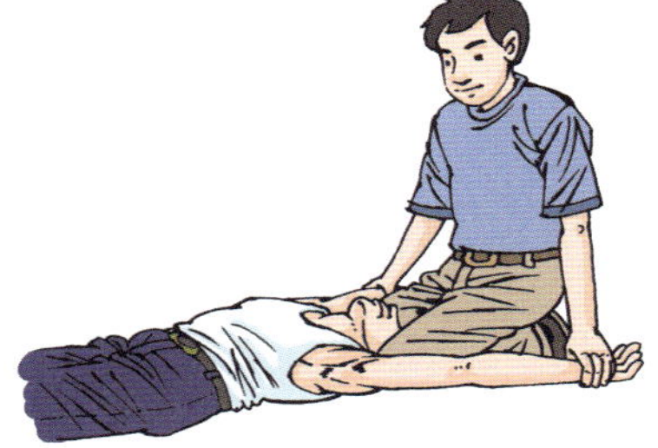

c)

图　4—12

(4)仰卧压胸法

病人仰卧，腰背部垫枕使胸部抬高，上肢放在身体的两侧，头转向一侧。急救者跪跨在病人大腿两侧，用两手掌贴在病人两侧下胸部，拇指向内，其余四指向外，向胸部上后方压迫，将空气压出肺脏，然后放松，使胸廓自行弹回而吸入空气。如此有节律地按压，10～12次/min，注意推压时不要用力过猛，防止造成肋骨骨折，如图4-13所示。

(5)俯卧压背法

使病人仰卧位，腹下垫枕，头向下略低，面部转向一侧，以防口鼻触地，一臂弯曲垫在头下，另一臂伸直，急救者跪跨在病人大腿两侧，将手在病人背部的两侧下方，相当于肩胛下角下方，向下用力压迫与放松，以身体重量向下压迫然后挺身松手，以解除压力，使胸部自行弹回如此反复进行，10～12次/min。此法对抢救淹溺者较为适宜，可使水向外流出，舌也不致阻塞咽喉。如图4-14所示。

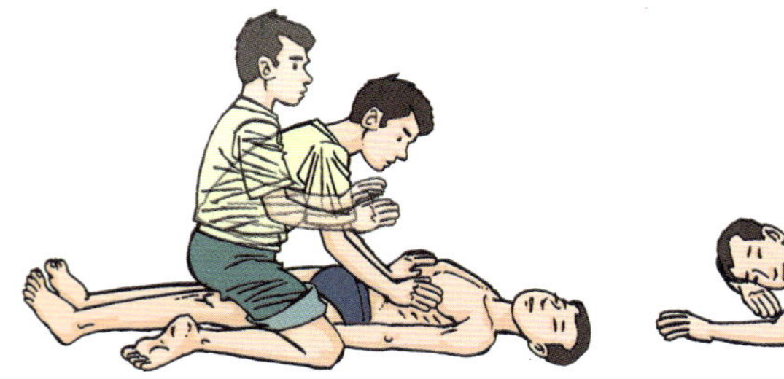

图4—13　仰卧压胸法

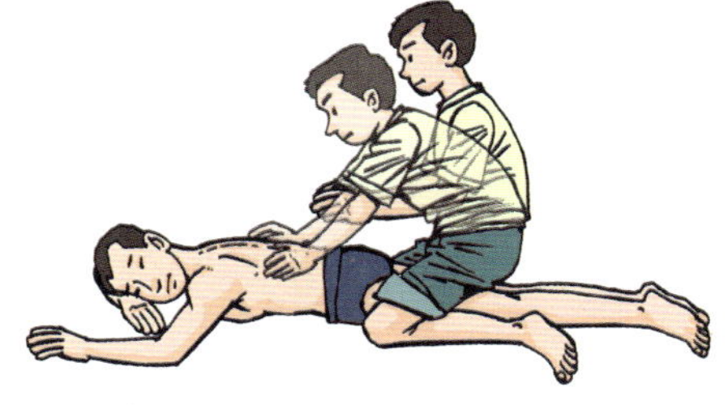

图4—14　俯卧压背法

五．**胸外心脏按压**

胸外心脏按压是用人为的力量挤压胸部，使心脏内的血液排入主、肺动脉，当放松时胸骨恢复原来位置，使胸腔内负压增加产生抽吸作用，有助于静脉血回流入心脏，如此反复有节奏地按压，可以改善全身血流量以维持有效的血循环，有利于维持重要脏器的血液灌注。

(1)判断心脏有无跳动

根据大血管（如颈动脉）的脉搏来判断心脏有无跳动，10s内完成此项检查。急救者一只手仍放在病人额部保持气道通畅，另一只手的食指和中指放在颈前甲状软骨外侧，滑向气管和胸锁乳突肌之间，触摸颈动脉搏动，如图4-15所示。若脉搏存在，呼吸停止，则应该开放气道并且继续人工呼吸；若脉搏消失，则人工呼吸和胸外心脏按压同时进行。

(2)胸外心脏按压的体位

人工胸外心脏按压时，病人应置于仰卧水平位，头部不应高于心脏水平，否则重力将影响脑血流；下肢可以抬高，以促进静脉血回流。在床上进行按压时，病人背部应垫一块与床同宽的硬板，或让病人平躺在

硬质地面上。急救者的姿势如图4-16所示。

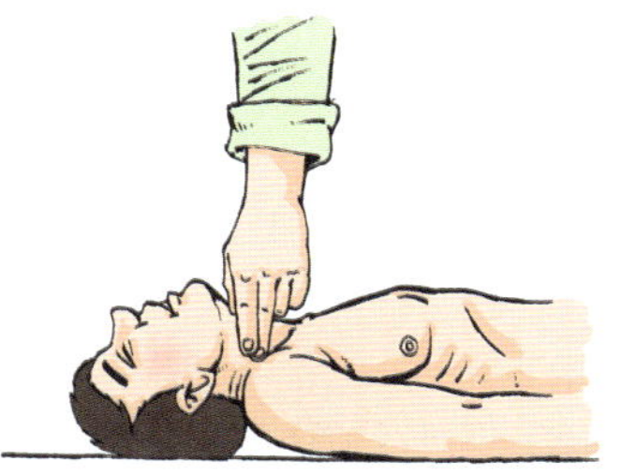

图4—15 颈动脉脉搏

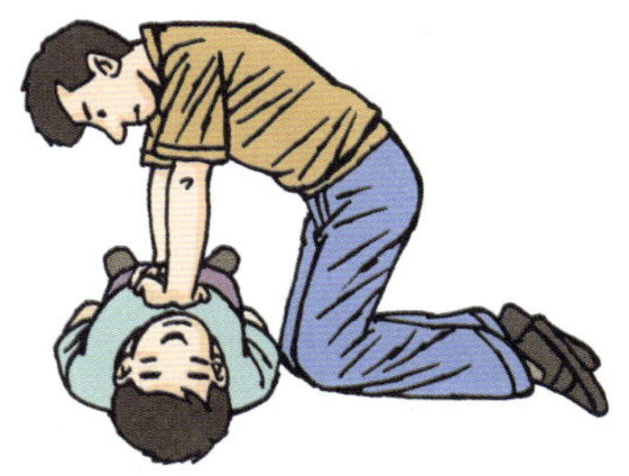

图4—16 救护人员姿势

(3)胸外心脏按压时手的位置

胸外心脏按压的正确部位是胸骨的中下1/3交界处。急救者用靠病人腿部一侧手（即急救者位于病人右侧用右手，位于左侧用左手）的中指和食指顺肋缘向上滑动到剑突下，这时食指和中指与胸骨长轴垂直，食指上方胸骨的正中区即为按压区，以此确定按压时手的位置，如图4-17所示。

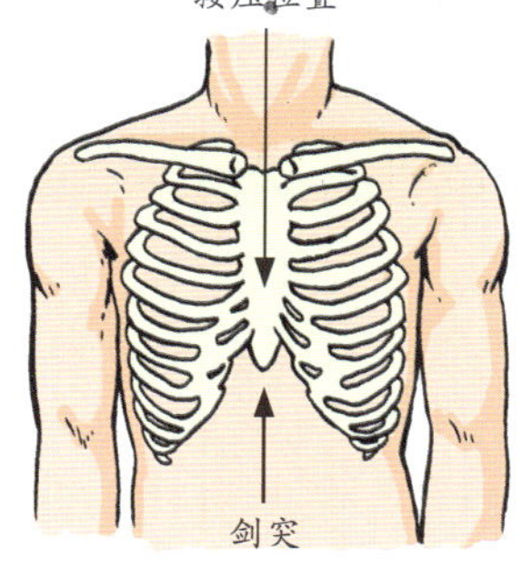

a)

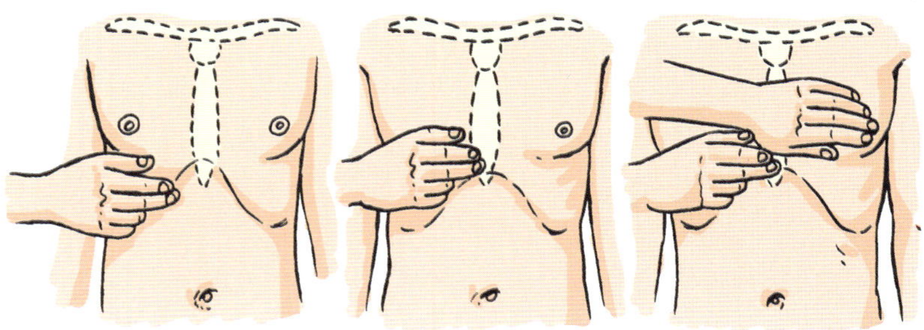

b)

图4—17 胸外心脏按压时手的位置

a）胸外心脏按压部位在胸骨的中下1/3； b）胸外心脏按压时手的位置

(4)按压方法

用一只手的掌根部置于胸骨的下半部，另一手掌重叠放在这只手背上，手掌根部横轴与胸骨长轴确保方向一致，双手的手指交锁或平行重叠，手指翘起，不能压在胸壁上。按压时，肘关节伸直，依靠肩部和背部的力量垂直向下按压，切忌左右摆动，使胸骨向脊柱方向下陷≥5cm，随后突然放松，按压和放松的时间大致相等，如图4-18所示。放松时，双手不要离开胸壁，按压频率≥100次/分钟。

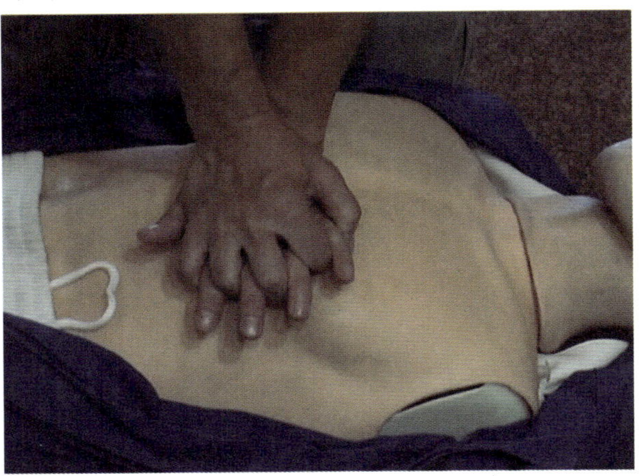

图4—18 胸外心脏按压法

六．进行人工呼吸时的注意事项

(1)判断准确，快速进行。因脑部缺氧超过3min，大脑皮质即可破坏致死，难以康复。判断病员是否有呼吸的方法很简单：把手放在病员的鼻孔下感觉是否有气体从口鼻出来；看病员的胸腹部是否有起伏运动。

(2)保持呼吸道通畅。先尽可能地将病员置于空气流通处，松开衣领和裤带，清除口鼻内异物，若有假牙需取出，若舌头堵塞气道，则用纱布或布片包住后把它拉开。

(3)做口对口人工呼吸时吹气不宜过猛，吹气的时间占呼吸周期的1/3，每次吹气时间应持续1s以上，同时要观察病员胸廓起伏运动，轻轻隆起时为吹气合适。

(4)服剧毒药物以及口鼻部严重外伤者不能做口对口或口对鼻人工呼吸。

思考题

1．试述口对口人工呼吸的操作方法。

2．试述口对鼻人工呼吸的操作方法。
3．试述举臂压胸法的操作方法。
4．试述仰卧压胸法的操作方法。
5．试述俯卧压背法的操作方法。
6．试述胸外心脏按压的步骤和方法。
7．进行人工呼吸时的注意事项有哪些？
8．人工呼吸与心脏按压的比例是多少？
9．心肺复苏成功后病人会有哪些表现？

第二节　出血与止血

出血是指血管破裂或断裂后血液外流的一种现象。伤口大量出血若不及时止血，可危及生命；止血法是抢救伤员的一项重要措施，必须熟练地掌握这一技术，以便遇到出血紧急情况时，能够及时而准确地进行自救与互救。

要点

指压动脉止血法

指压动脉止血法是根据全身动脉血管的分布情况，临时用手或者手掌直接压迫伤口近心端的动脉干，将动脉干压迫在深部的骨面上，使血管被压闭，以阻断血液的流通，从而达到止血的目的。本方法是一种临时有效的措施，其持久性较差，所以凡是大血管出血的伤员，在使用指压动脉止血法的同时，还要考虑改用其他较持久的止血办法（图4-19～图4-21）。

伤口加压包扎止血法

用敷料或其他干净的毛巾、手帕覆盖于伤口上，然后用绷带加压扎紧即可（松紧程度以既能止血又能保障受伤肢体血液循环为适宜）。该方法主要适用于较小的血管引起的出血或渗血，有骨折或有异物存在时则不适用。

止血带止血法

这是一种在其他止血方法失败时采用的止血方法，通常在四肢血管断裂出血

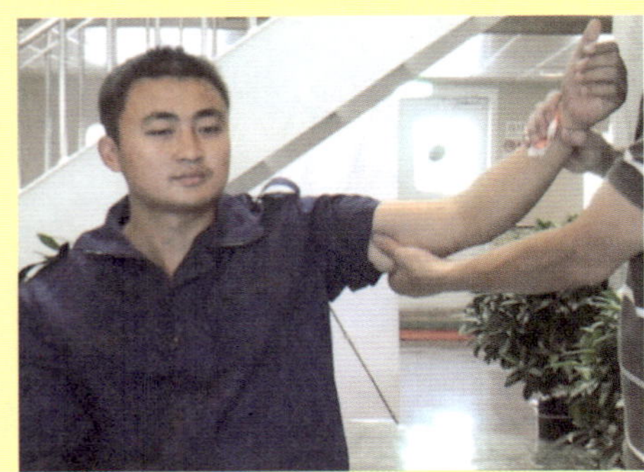

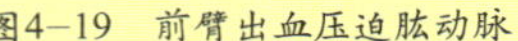

图4-19　前臂出血压迫肱动脉

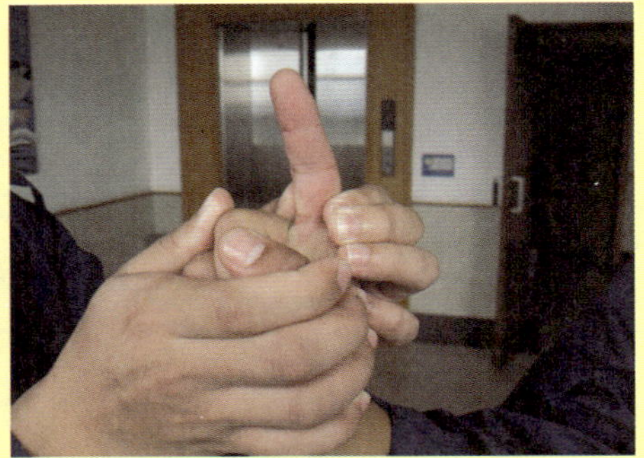

图4-20　手指出血压迫指根动脉

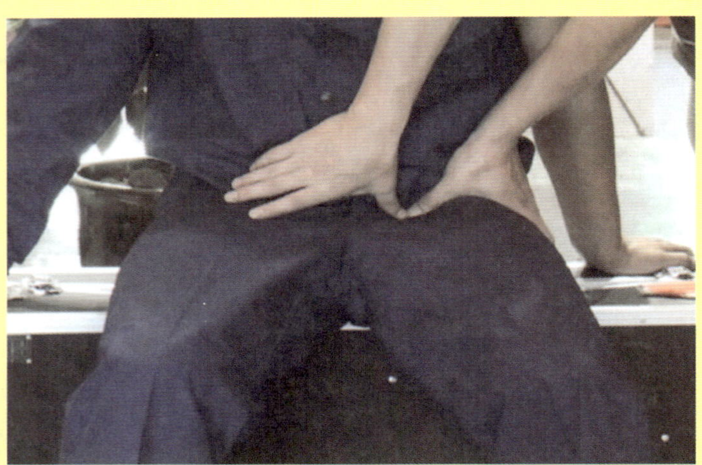

图4-21　下肢出血压迫股动脉

量大的情况下使用。

结扎部位：上肢在上臂上1/3处，下肢为大腿的中上段。

扎止血带时要注意松紧适宜，如果是胶皮管其下方与皮肤间应包一层纱布，标记时间并每隔30~60分钟放松一次，每次放松时间不超过3分钟。

结扎步骤如图4-22所示。

a)

b)

图　4-22

现场如无止血带，可用布带等代替，如图4-23所示。

图　4-23

外伤往往导致人体受伤部位的出血。出血可分为内出血和外出血。一次失血在总血量的20%以上时，伤病员可出现头晕头昏脉搏增快、血压下降、出冷汗、脸色苍白、尿量减少等症状。当受伤引起大出血失血量达到40%时就会有生命危险。

一．出血特点及临床表现

1．动脉出血

为鲜红色血，出血速度快，有时形成血柱呈喷射状流出，出血点多在伤口近心端。如不及时止血可危及生命。

2．静脉出血

血色为暗红色，为持续性流血，多数是涌出或者缓缓流出，出血点多在伤口的远心端。如果出血时间较长未及时止血同样也会危及生命。

3．毛细血管出血

血为鲜红色，由伤口中慢慢渗出，往往在创面上形成血滴，逐渐汇成血流，出血不多，出血点多不明显，量较少常可自行凝结，其危险性较小。

急性出血必须立即制止，病人应平卧防止发生休克。全身主要动脉的压迫止血点如图4－24所示。

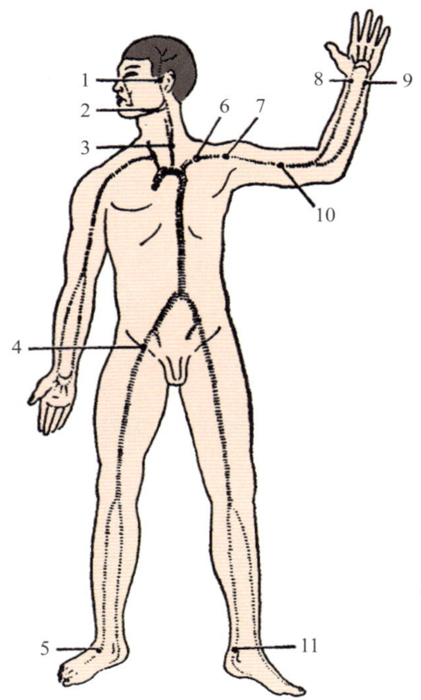

图4－24　全身动脉指压止血点

1－颞浅动脉；2－面动脉；3－颈总动脉；4－股动脉；5－足背动脉；6－锁骨下动脉；7－腋动脉；8－桡动脉；9－尺动脉；10－肱动脉；11－胫后动脉

扩展知识

(1)颞浅动脉指压止血法

此法用于同侧的头顶部出血。部位在该侧的耳前，有一个动脉搏动处，压迫此点使血管闭合而止血，如图4-25所示。

(2)面动脉指压止血法

此法用于同侧面部的止血。急救者一手固定伤员的头部，另一手的食指或拇指在伤侧的下颌角前1.5～3厘米的凹陷处可触及有一动脉搏动，压迫此点可止血，如图4-26所示。

(3)颈总动脉指压止血法

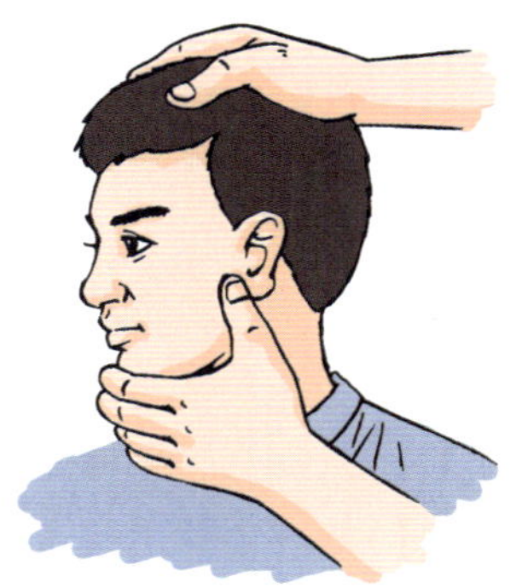

图4—25　颞浅动脉指压止血法

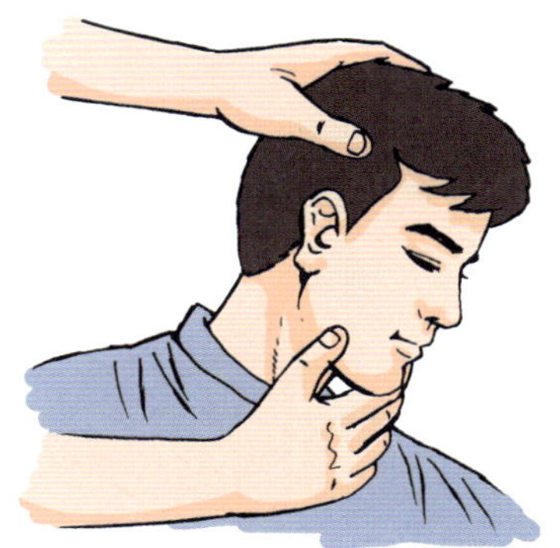

图4—26　面动脉指压止血法

此法用于该侧的头、面部的较大出血。该侧的胸锁乳突肌和气管之间有一较强搏动处，用拇指或其他4个手指，将颈总动脉压在该侧的颈椎横突上即可止血。压迫颈总动脉时，容易引起病人昏厥，所以一般不宜使用，更不能两侧同时使用，如图4-27所示。

(4)锁骨下动脉指压止血法

肩部、腋窝部、上肢的动脉出血时，用拇指在伤侧的锁骨的上窝中部摸到锁骨下动脉搏动点后，将拇指向下内后方对向第一肋骨压迫即可止血，如图4-28所示。

(5)肱动脉指压止血法

此法用于手、前臂的临时止血，一手将伤侧的前臂提起，使伤侧的前臂与肩平行，在肱二头肌内侧有止血点，用拇指或其他四指向肱骨干压迫肱动脉，如图4-29所示。

(6)尺、桡动脉指压止血法

此法用于手部小动脉出血的临时止血，用双手拇指压迫患侧的手腕

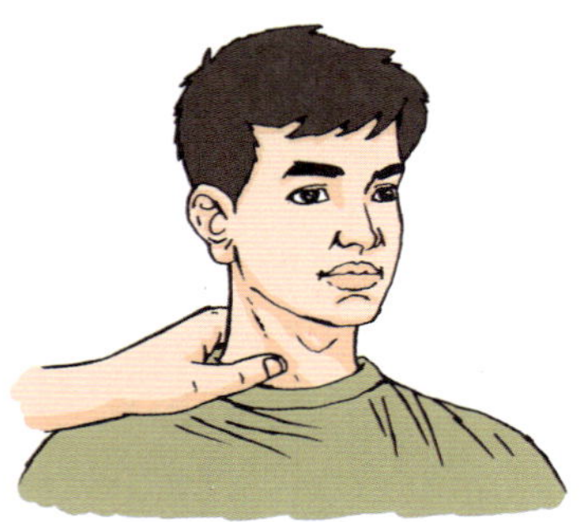
图4—27　颈总动脉指压止血法

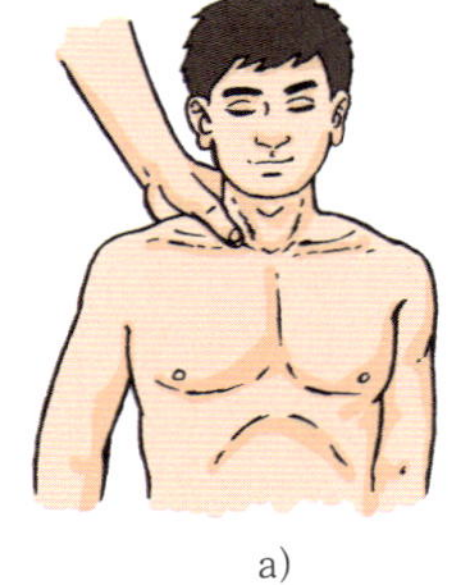

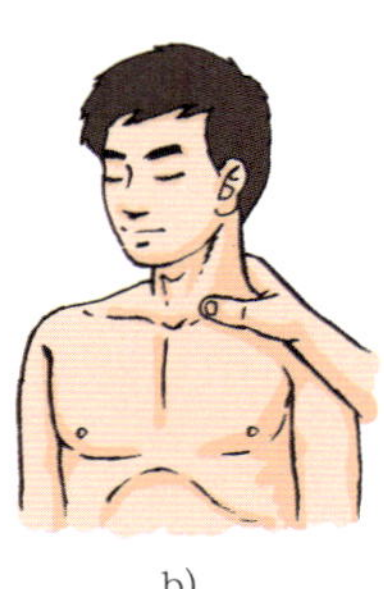

图4—28　锁骨下动脉指压止血法

横纹后方2～3cm的两侧动脉跳动处，即可达到止血的目的，如图4-30所示。

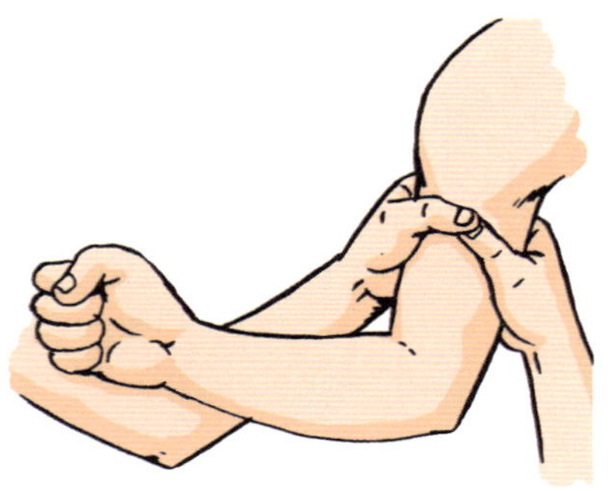
图4—29　肱动脉指压止血法

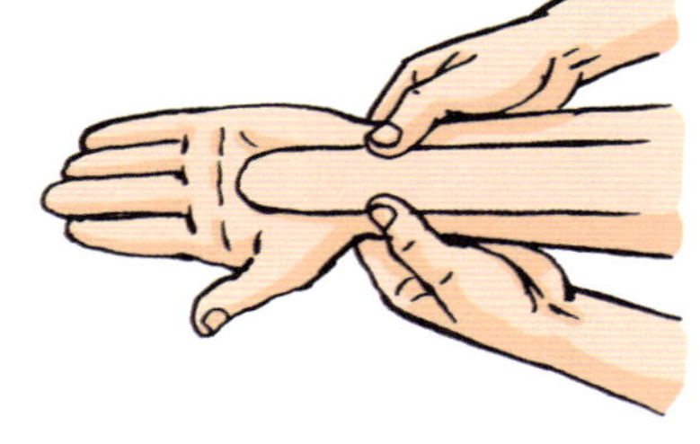
图4—30　尺、桡动脉指压止血法

(7)股动脉指压止血法

此法用于下肢动脉出血的临时止血。在伤侧的大腿上端腹股沟中间稍下方的搏动处，用两手的拇指或手掌，重叠压迫该处，将伤侧的股动脉用力压在耻骨上即可止血，如图4-31所示。

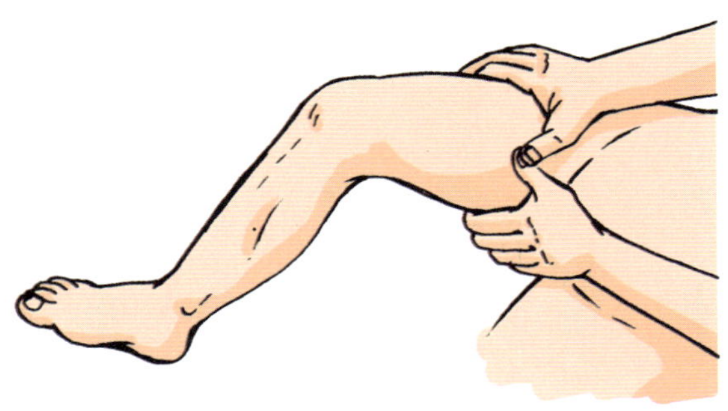
图4—31　股动脉指压止血法

(8)足背动脉、胫后动脉指压止血法

此法用于足部动脉出血的临时止血，足背中部有一动脉搏动处，足内侧与内踝之间也存在一动脉搏动处，用双手拇指将两个动脉同时压住即可止血，如图4-32所示。

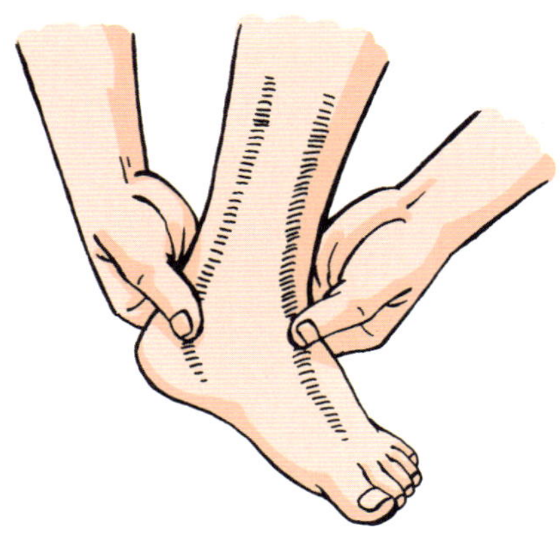

图4-32　足背动脉、胫后动脉指压止血法

动脉出血的指压法只能起到暂时止血的作用，若伤员需转送医院，则需采用比较有效的止血方法，如加压包扎止血法、止血带止血法等。

二．伤口加压包扎止血法

(1)敷料加压包扎止血法

敷料加压包扎止血法是在伤口处填塞以干净的纱布后，再用绷带进行加压包扎的方法。该方法主要适用于较小的血管引起的出血或渗血，有骨折或者有异物存在时则不适用。

止血时，除在伤口处填塞纱布外，若有条件可在创口处撒上止血药物的粉末，如云南白药粉或明胶海绵等，然后再加压包扎以取得更好的止血效果。要注意的是，创口一定要保持清洁，不得任意用黄土、棉花或者香灰等止血。

(2)屈肢加垫止血法

肢体的关节部位下端出血时，首先在关节屈侧加棉垫、毛巾团或者折叠好的三角巾，然后将伤肢关节屈曲后进行固定，以达到止血的目的，如图4-33所示。

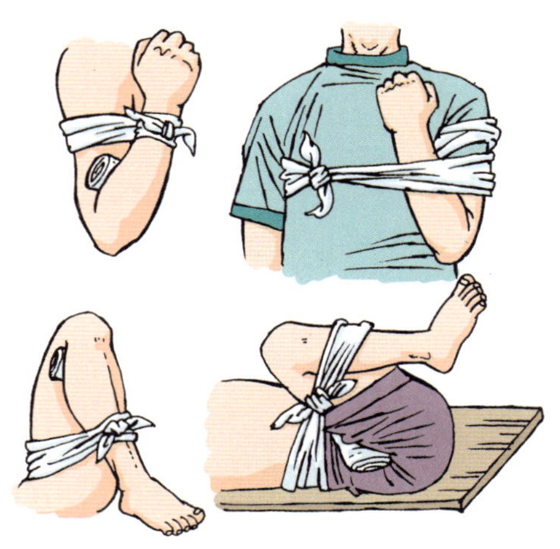

图4-33　屈肢加垫止血法

三．止血带止血法

止血带止血法是利用有弹性的胶皮管、较软的布带或者三角巾折成的布带等在出血部位的近心端将整个肢体进行绑扎，以

阻断通向肢体的动脉血流，使末端没有血液供应，从而达到止血目的。止血带止血法适用于四肢较大动脉出血的止血。有时，在现场找不到胶皮类止血带时，可用听诊器胶管或者三角巾、绷带、手帕等代用，但不可用绳索、电线或铁丝等物品代替止血带。

(1)橡皮止血带止血法

首先，在绑扎部位用毛巾或者衣服垫好，用左手的拇指、中指、食指持止血带的一端（距上端约8～10厘米），然后用右手拉紧止血带的另一端绕伤肢缠两圈，将止血带的末端放入止血带下面左手的食指、中指之间，最后两指夹住止血带拉回固定，如图4-34所示。

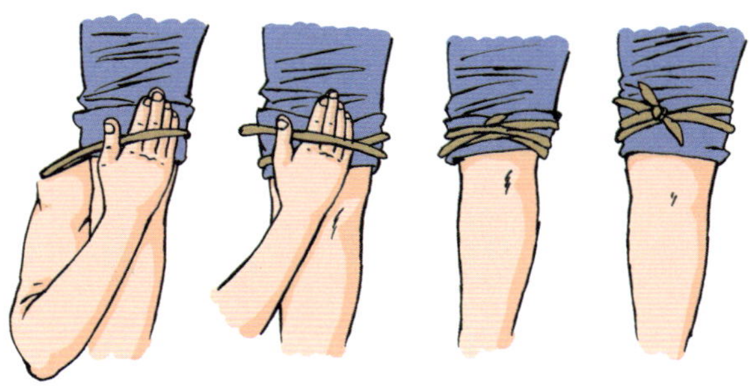

图4—34　橡皮止血带止血法

(2)勒紧止血法

勒紧止血法是用三角巾折叠成带状或用软布带在伤口近心端勒紧止血，第一道绑扎作垫层，第二道压在第一道上面勒紧，如图4-35所示。

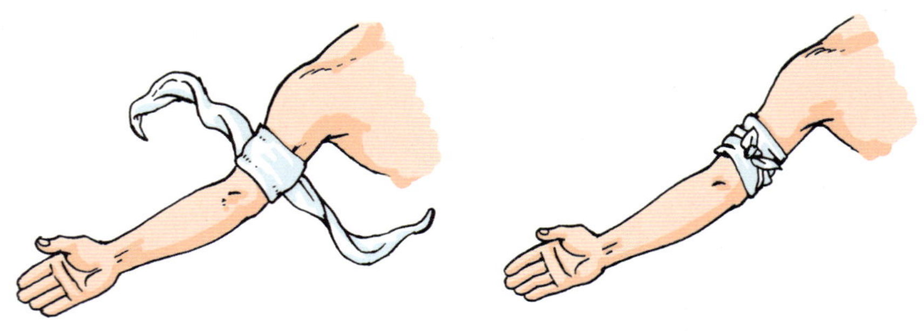

图4—35　勒紧止血法

(3)绞紧止血法

绞紧止血法是将绷带卷或将毛巾、纱布折成绷带卷大小放在伤口近心端的动脉干上，用布带子放在其上绕肢体两圈后拉紧，待两端合拢后打一活结，将绞棒插在后一圈的下面提起绞紧，然后将绞棒的一端插入

活结内，最后将活结拉紧固定绞棒，如图4-36所示。

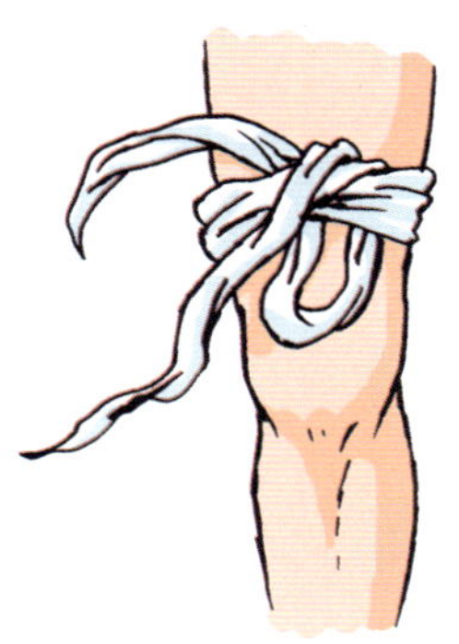
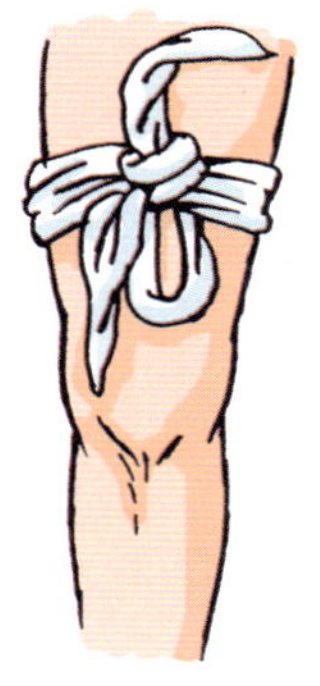
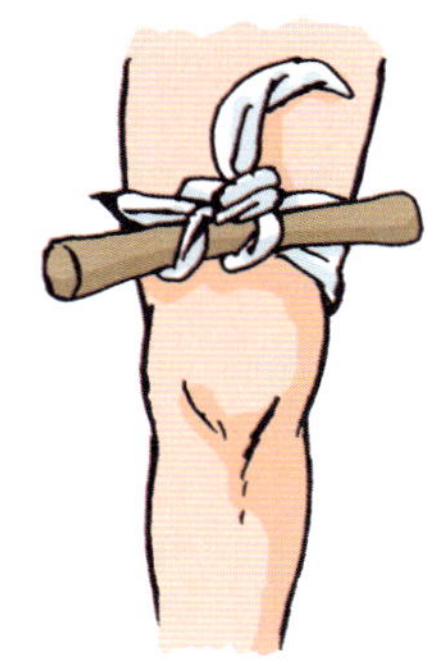

图4－36　绞紧止血法

四．使用止血带的注意事项

止血带止血法使用不当会引起或加重肢端坏死、急性肾功能不全等并发症。因此，使用止血带应注意如下事项：

(1)止血带主要用于四肢的动脉出血，如果不是较大的动脉出血，可以不必使用止血带止血。

(2)必须记住或记录开始使用止血带的时间，如果时间较长，应每一小时内放松一次，每次1～3min，使肢体在短时间内恢复血液的循环。松解期间，伤口可作加压包扎，加压包扎能够止血时，则可以不必再上止血带。若有大血管损伤，出血已很多时，不要轻易松解止血带，以免引起严重后果。

(3)止血带的松紧，以不流血为度。过松时，起不到止血效果；压迫过紧时，易损伤神经和引起组织坏死。

(4)上止血带前，先将伤肢抬高片刻，使静脉回流。止血带应安置在距离伤口近些的地方（近心端），但是又不要直接接触伤口。

(5)上臂不应扎在中1/3处，以免损伤桡神经，引起远端的肢体麻痹，应扎在上臂的上1/3或前臂的最上部。前臂和小腿有两根骨骼，止血带对动脉压迫不紧时，止血效果不好；遇此情况时，止血带可以安置在上臂或大腿的下1/3部位。

(6)安放止血带时，应在肢体上用绷带或者布类物品如棉花、毛巾、衣服等包裹在止血带的下面，再将止血带扎紧在绷带等物品的上面，以免损伤神经。

思考题

1．出血的特点及临床表现有哪些？
2．人体全身主要动脉的压迫止血点有哪些？
3．简述指压动脉止血法的操作方法。
4．简述伤口加压包扎止血法的操作方法。
5．简述止血带止血法的操作方法。
6．使用止血带的注意事项有哪些？

第三节 包 扎

包扎的目的是为了保护伤口，减少污染，固定骨折以防止骨折处活动造成进一步的损伤，还可以通过包扎达到止血及固定药物、敷料减轻疼痛的作用。

常用的包扎材料为三角巾、绷带，若现场无包扎材料也可用毛巾、衣服、床单等代替。

要 点

包扎的目的是保护伤口，减少污染，固定敷料、药品和骨折位置，压迫止血及减轻疼痛。常用的材料有绷带、三角巾等。急救时也可就地取材，例如衣裤、毛巾等。无论是哪种包扎方法都要求牢固、舒适、整齐。最常用的包扎方法为三角巾包扎法。

必备知识

一．三角巾包扎法

(1)头顶帽式包扎：先将三角巾的底边折叠成二层（约二指宽），放置于前额两眉的上方，然后将三角巾的顶角放在头后部，三角巾的两端经两耳上方拉向头后部交叉，再返回前额部打结；最后，将后部多余的三角巾顶角部分掖入头后部交叉处（图4-37、图4-38）。

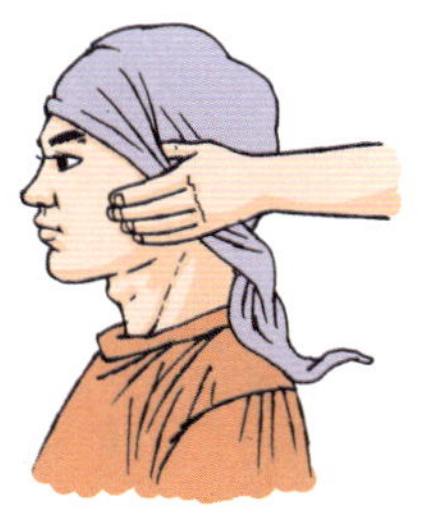
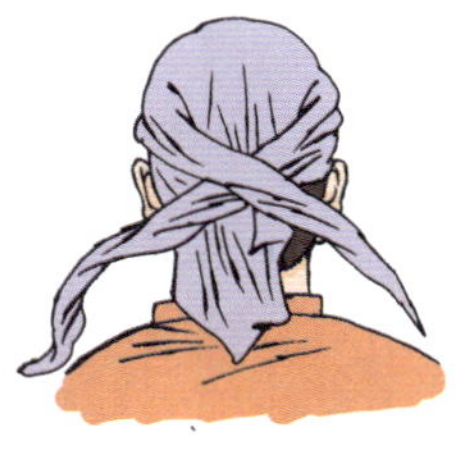

图　4-37

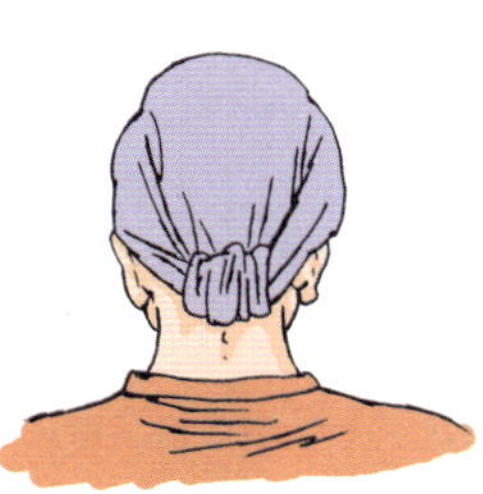

图　4-38

(2)面颌包扎：将三角巾叠成长带，宽约10cm，将下颌兜起绕过头顶到对侧耳前颞部将两头绞成十字并横行于额部包扎打结（图4-39）。

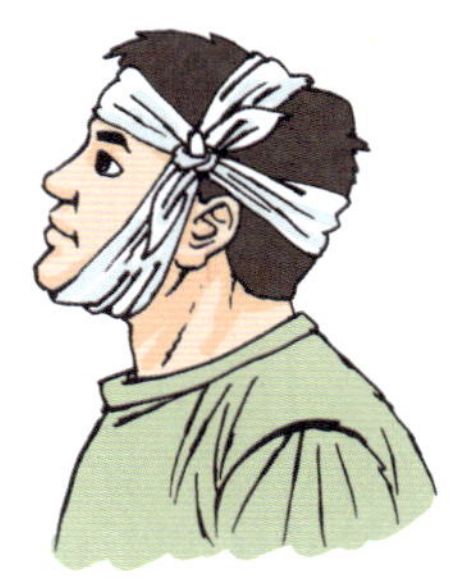
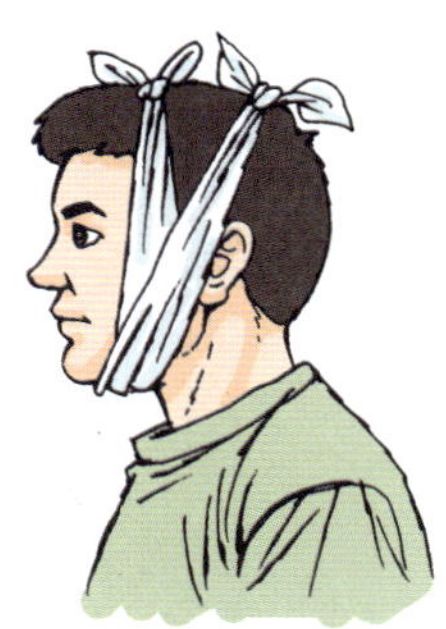

图　4-39

(3)单肩包扎：三角巾顶角过伤侧肩颈部置于胸前，用系带从后经腋下沿三角肌下缘处绕上臂二周固定，将外侧底角折回肩部过后背与另一底角在对侧腋下打结（图4-40、图4-41）。

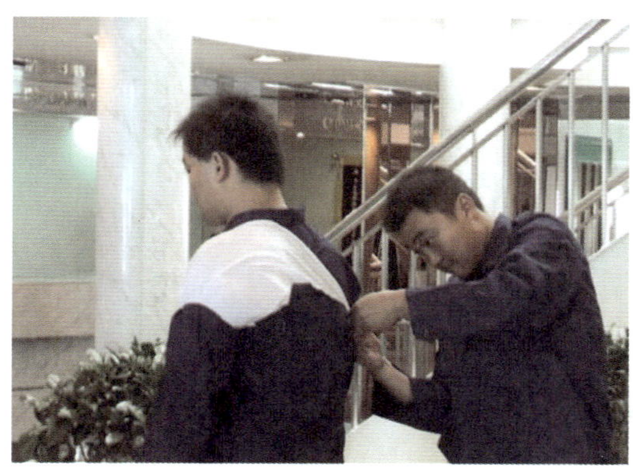

图　4-40

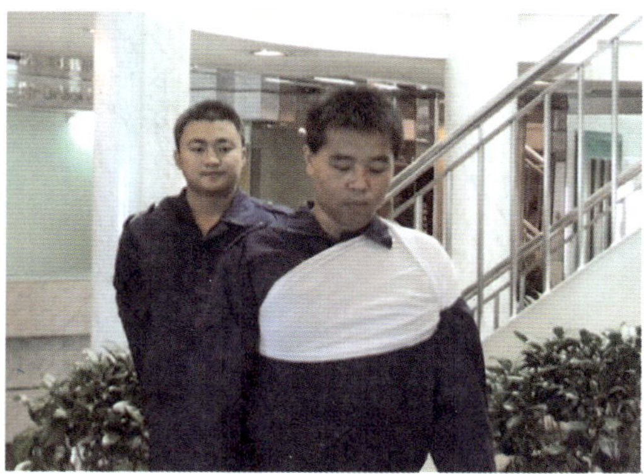

图　4-41

(4)双胸包扎：将三角巾对折成燕尾状置于胸前，将系带绕过后背与底边打结，提起左右底角上翻至颈后打结（图4−42、图4−43）。

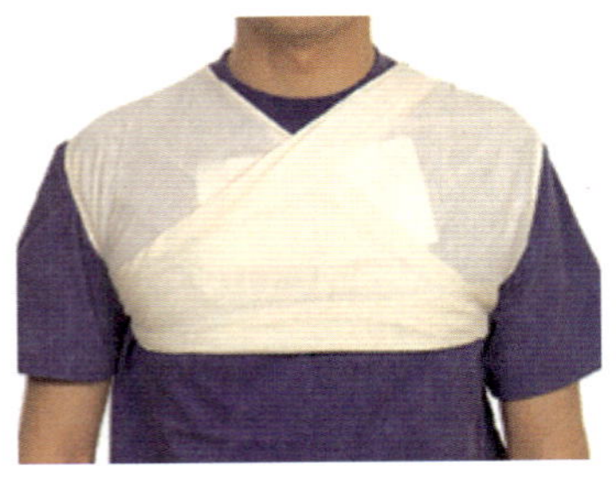
图 4−42

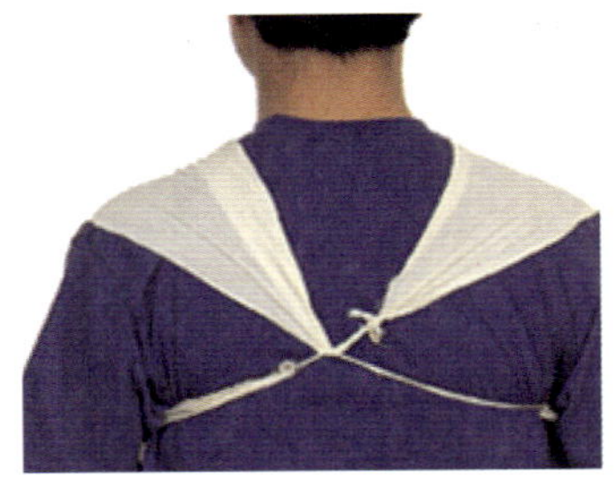
图 4−43

(5)臀部包扎：三角巾斜放于伤侧臀部，顶角向后近臀裂处系带绕过大腿上端固定，将一侧底角从下反折向上经由臀部至对侧腰髂部与另一侧底角打结（图4−44）。

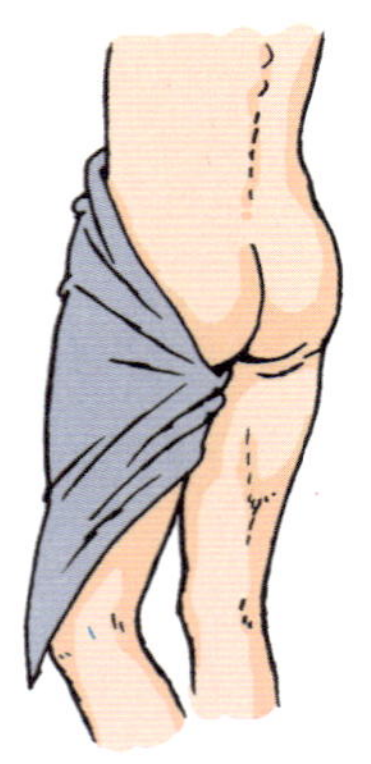
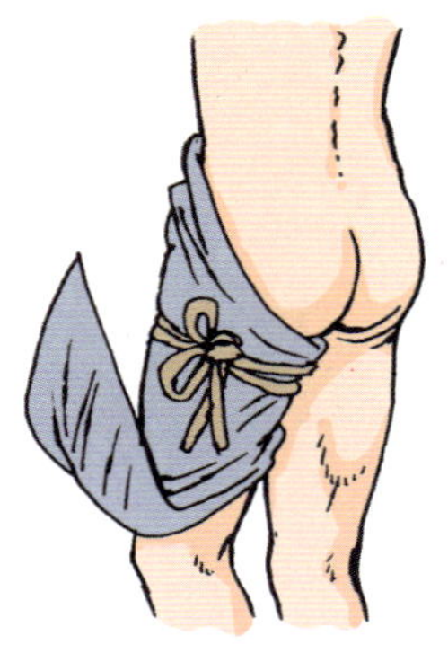
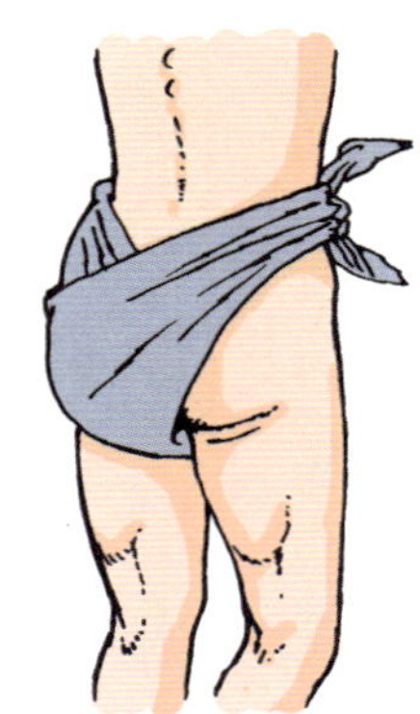
图 4−44

(6)手部包扎：将三角巾一折二，手放在中间；中指对准顶角，把顶角上翻盖住手背然后两角在手背交叉，围绕腕关节在手背上打结（图4−45）。

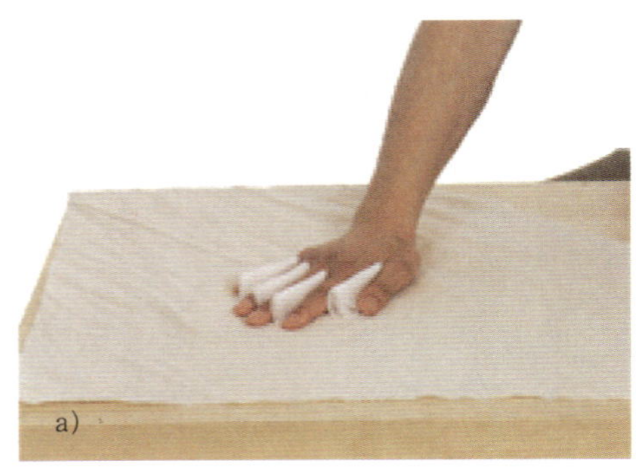

图 4−45

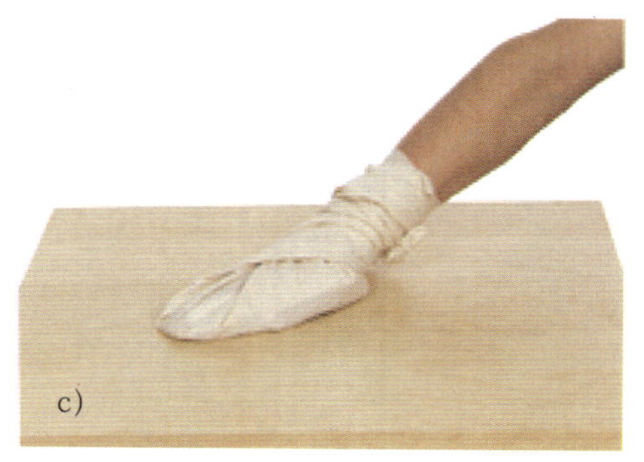

图 4-45

二. 绷带包扎法

绷带包扎具有固定伤口处敷料、药物，压迫止血和限制受伤肢体活动的作用。绷带在包扎使用时要牢靠但不可太紧。包扎肢体时，一般从细端向粗端包。每周绷带必须覆盖前一周绷带的1/2。还应注意观察伤肢末梢循环的情况。如发生肿胀、青紫、麻木、发凉时要松开并重新包扎。

(1)环形包扎法

主要用于绷带包扎的开始和结束，以固定带端。

(2)蛇形包扎法

用于需由一处迅速伸至另一处时，或做简单的固定。

(3)螺旋形包扎法

用于包扎身体直径基本相同的部位，如上臂、手指、躯干、大腿等。

(4)螺旋形反折包扎法

先用环行包扎法固定开始端，再用螺旋上升缠绕，每圈反折一次但注意不可在伤口或骨隆突出处回折，而且回折应成一条直线。用于小腿、前臂的包扎。

(5)“8”字形包扎法

用于包扎肩、髋、膝、肘、踝、腕等关节处。

扩展知识

一. 三角巾包扎法

标准三角巾为底边长130cm，左右边长为65cm的三角形白布，顶角有一固定带子，一般急救箱中都有1～2个，经过无菌处理，装在密闭压缩的袋中，如图4-46所示。

三角巾包扎法适用于身体任何部位伤处的包扎，具有使用灵活、容

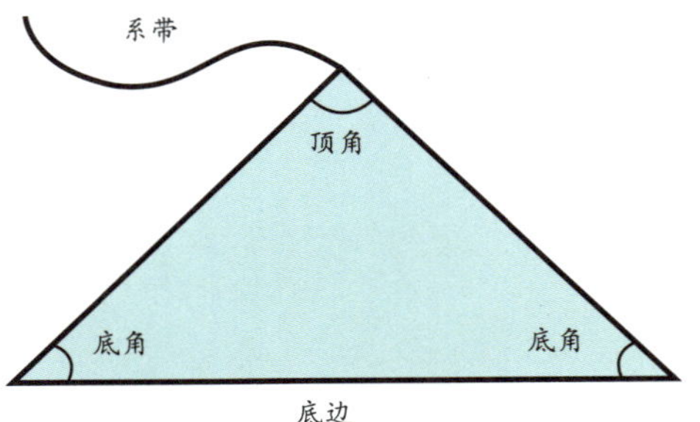

图4-46　三角巾各部分名称

易掌握、包扎面大、效果较好的特点。使用时要求边固定、角拉紧，中心伸展与敷料贴实。常用的三角巾有三角式、燕尾式和条带式，三角式与燕尾式的三角巾如图4-47所示。

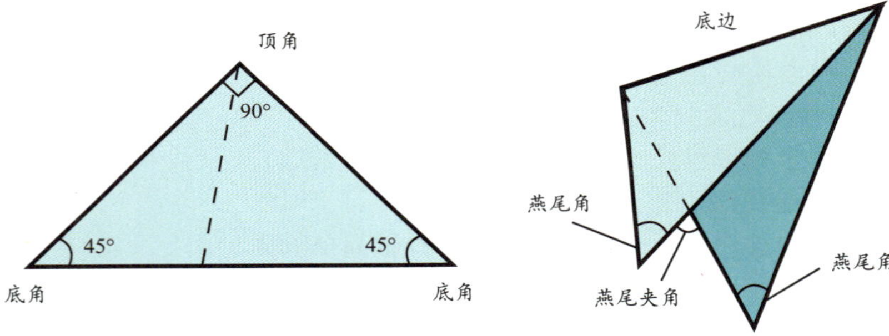

图4-47　三角式与燕尾式的三角巾

1. 主要部位的三角巾包扎法

(1)头部包扎法

首先，将三角巾底边反折3～4cm，放于前额两眉的上方；然后，将三角巾的顶角放在头后部，三角巾的两端经两耳上方拉向头后部交叉，再返回前额部打结；最后，将后部多余的三角巾顶角部分掖入头后部交叉处，如图4-48所示。

(2)头部风帽式包扎法

首先，在三角巾顶角和底边中点各打一结，使三角巾类似风帽；然后，把三角巾的顶角结放于前额，底边结放于枕骨结节下方，包住头部；最后，将三角巾的两底角往面部拉紧，在下颌处交叉包绕下颌后，拉至枕骨后打结固定，如图4-49所示。

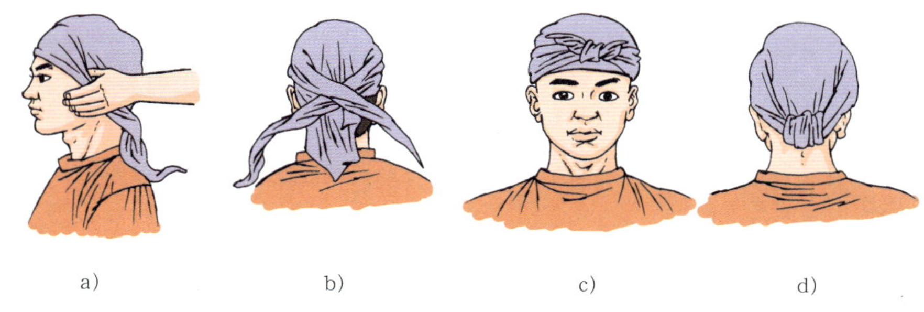

图4–48　头部包扎法

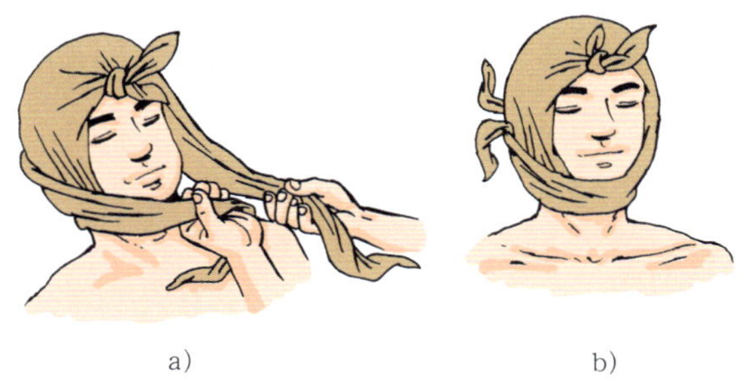

图4–49　头部风帽式包扎法

(3)面部包扎法

面部包扎法是将三角巾顶角打一个结，兜住下颌，罩住面部，左右底角拉紧在枕后交叉，压住底边，再绕到前额打结，根据情况可以在眼、口、鼻等处剪开小孔，如图4-50所示。

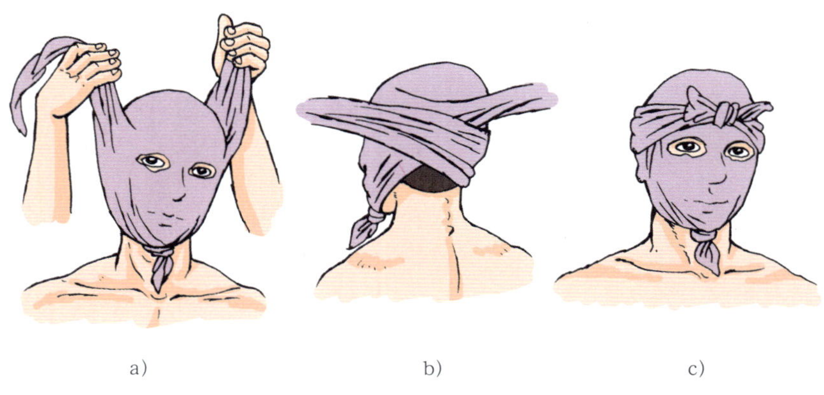

图4–50　面部包扎法

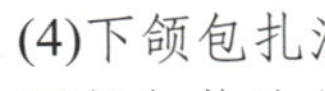

(4)下颌包扎法

下颌包扎法是将三角巾叠成约10cm的宽带，兜起下颌，绕过头顶到对侧，在对侧耳前颞部将两头绞成十字，于头部横行包扎至对侧打结固定，如图4-51所示。

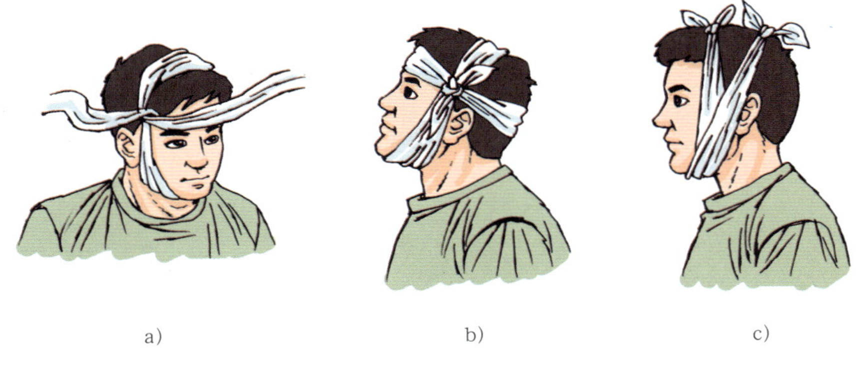

a)　　b)　　c)

图4—51　下颌包扎法

2. 上肢三角巾包扎法

上肢任何部位损伤时，都可用三角巾将伤肢固定于胸前。方法是：先用一块三角巾摊开于胸前，一角置于伤肢对侧颈旁，将伤肢置于胸前，肘关节屈曲呈90°或略小的角度，折起三角巾使其下角自伤侧颈旁搭过，并且在颈后将两角结扎；另用一块三角巾叠成宽带，将伤肢固定于胸壁上。上肢三角巾包扎法如图4-52所示。

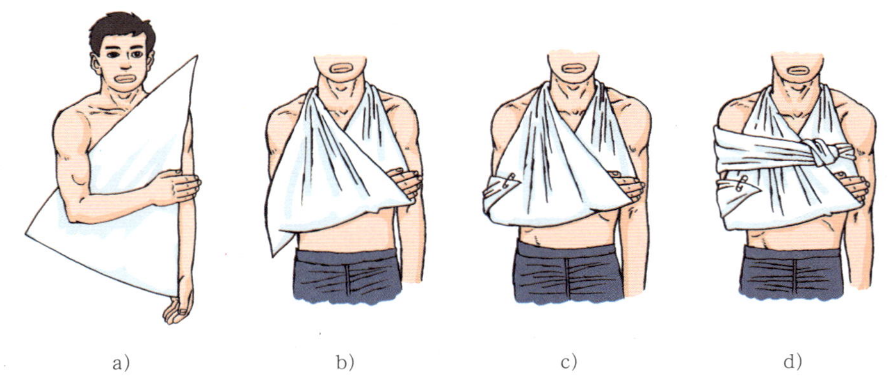

a)　　b)　　c)　　d)

图4—52　上肢三角巾包扎法

3．胸部三角巾包扎法

胸部三角巾包扎法是将三角巾对折成燕尾式后置于胸前，将其底边绕到腰背部打结，再将两燕尾角绕过颈后打结，如图4-53所示。

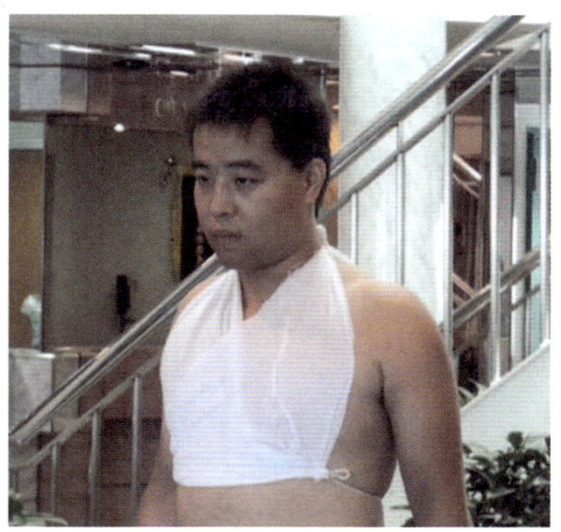

图4—53　胸部三角巾包扎法

4．腹部三角巾包扎法

首先，将三角巾顶角向下，底边横放在腹部；其次，拉紧三角巾两底角，绕到后腰打结；最后，把顶角系带后绕过会阴部到臀部与底角打结，如图4-54所示。

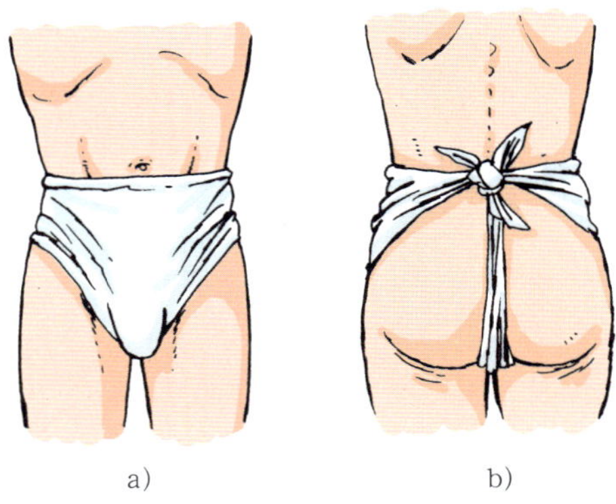

a)　　b)

图4—54　腹部三角巾包扎法

5．臀部三角巾包扎法

臀部三角巾包扎法是将三角巾斜放在伤侧臀部，顶角接近臀裂处，一底角置对侧髂前，用顶角带子绕大腿缠绕；将另一底角反折向上，由臀后绕到对侧髂前，与前一底角结扎，如图4-55所示。

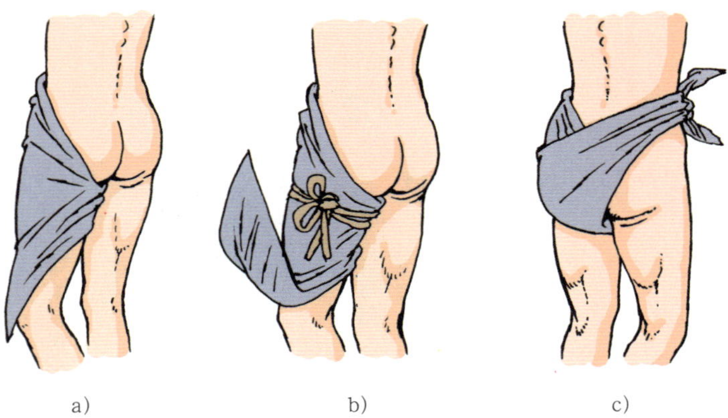

图4—55 臀部三角巾包扎法

二. 绷带包扎方法

正确绷带包扎方法可参照如下要求进行：

1. 环形包扎法

每圈重叠，环绕数圈。用于绷扎开始及结束时固定带端以及包扎额、颈、腕等处，如图4-56所示。

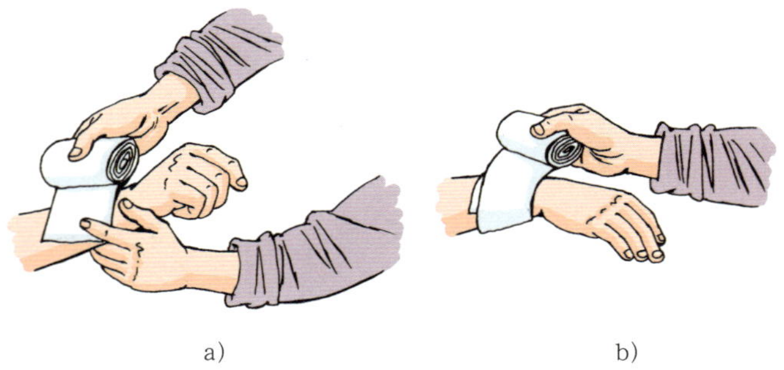

图4—56 环形包扎法

2. 蛇形包扎法

斜形延伸，各周互不遮盖。用于需由一处迅速伸至另一处时，或者做简单的固定，如图4-57所示。

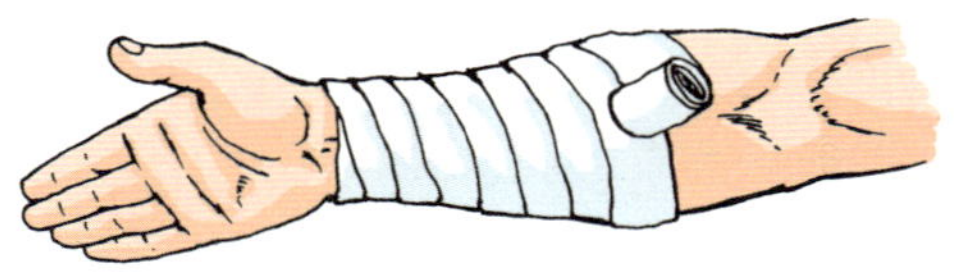
图4—57 蛇形包扎法

3．螺旋形包扎法

先用环形包扎固定开始一端，再斜向上绕，后圈盖前圈的一半或大半。用于包扎身体直径基本相同的部位，例如上臂、手指、躯干、大腿等，如图4-58所示。

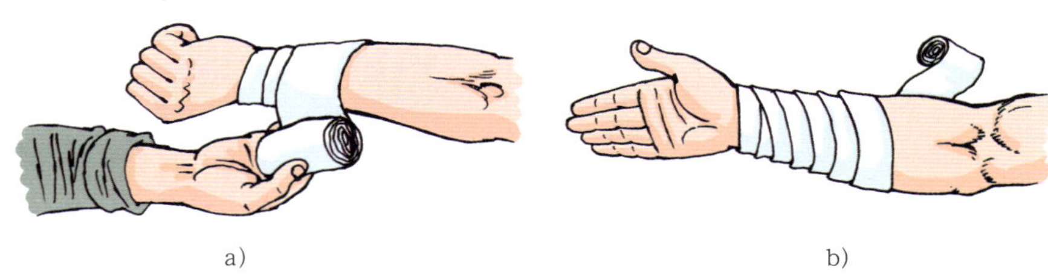

a)　　　　b)

图4—58　螺旋形包扎法

4．螺旋形反折包扎法

先用环行包扎法固定开始端，再用螺旋上升缠绕，每圈反折一次但注意不可在伤口或骨隆突出处回折，而且回折应成一条直线。用于小腿、前臂的包扎，如图4-59所示。

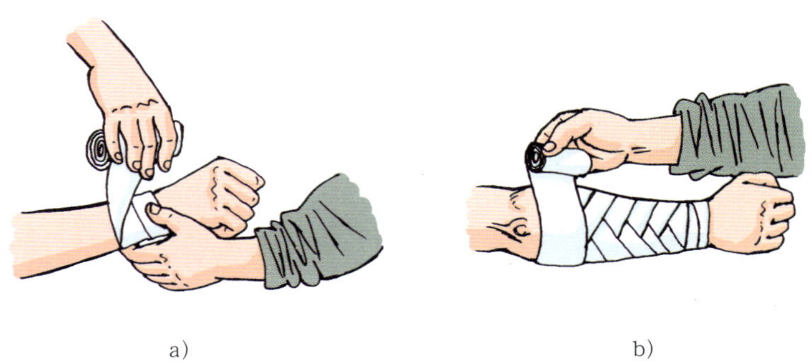

a)　　　　b)

图4—59　螺旋形反折包扎法

5．“8”字形包扎法

“8”字形包扎法是先用环形法固定一端，然后按一圈向上、一圈向下的包扎顺序包扎，每一圈在正前面和前一圈相交，并且压盖前一圈的1/2，如图4-60所示。此方法多用于肘、膝、踝、肩、髋等关节处的包扎。

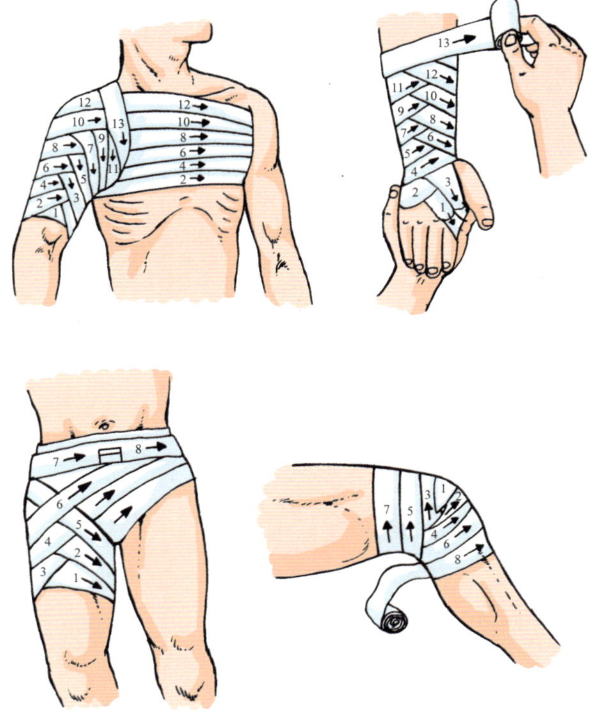

图4-60　“8”字形包扎法

思考题

1．使用三角巾包扎法时对三角巾有何要求？
2．简述三角巾包扎头部的方法。
3．简述三角巾包扎胸部的方法。
4．简述三角巾包扎手部的方法。
5．使用绷带包扎的方法有哪些？

第四节 骨折固定术

船上的工作人员比较常见的伤病多是因意外事故或外界环境所造成的，骨折便是其中之一，本节重点介绍骨折和固定方法。

要点

现场固定是骨折急救时最重要的一项工作，用适当的方法将骨折的肢体临时固定起来，可以止痛，防止休克，骨折断段穿出伤口外，不允许立刻纳入伤口内，以免引起伤口感染，避免骨折断端在搬运移动时更多地损伤组织。

(1)前臂骨折夹板—三角巾固定法

夹板一块长及肘关节至手指，将夹板置于前臂及手背侧，用三角巾或宽绷带扎紧，夹板两端外侧打结，再将伤肢悬吊于胸前。如有两块夹板，可在掌、背两侧各放一块固定，再用三角巾将肘关节屈曲吊起。如现场无夹板等固定物时，可用两块三角巾将伤肢固定于胸前。方法是：先用一块三角巾摊开于胸前，一角置于伤肢对侧颈旁，将伤肢置于胸前，肘关节屈曲呈90° 或略小的角度，折起三角巾使其下角自伤侧颈旁搭过，并且在颈后将两角结扎；另用一块三角巾叠成宽带，将伤肢固定于胸壁上。（图4-61～图4-63）

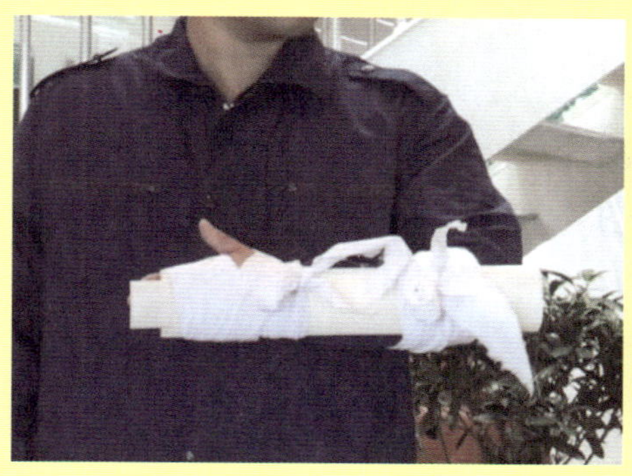

图 4-61

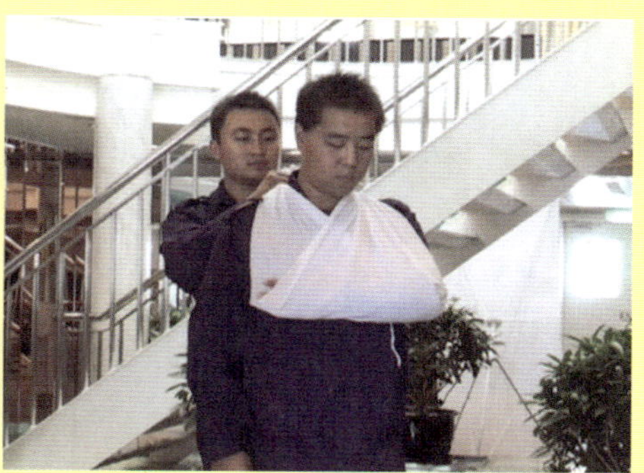

图 4-62

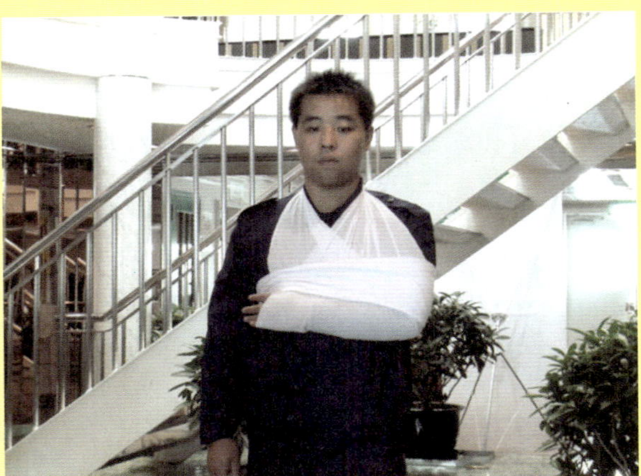

图 4-63

(2)小腿骨折与健肢固定法

小腿骨折时，若现场无夹板等固定物，可利用健肢进行固定。将两下肢合并，在膝关节处及上下和踝关节处各扎一条三角巾，打结在健肢外侧。注意踝关节用“8”字形固定并在两腿间加棉垫（图4-64）。

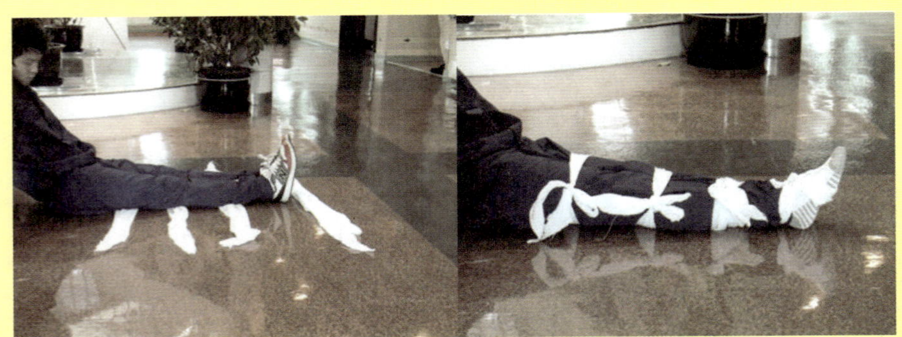

图 4-64

必备知识

(1)骨折的定义和临床特点

骨折是指骨的完整性遭到破坏或其连续性发生中断。一般多由外力(暴力)作用所致，又称外伤性骨折。检查时可发现骨折部位有明显肿胀、疼痛压痛、功能障碍不能活动甚至出现畸型和骨擦音。

(2)骨折的现场急救程序

要注意现场急救以固定骨折为主。如有出血时要先止血，再包扎固定，最后搬运伤病员。在未能进行有效固定前，切忌盲目移动伤病员受伤部位，以免造成进一步伤害。严禁现场复位。

(3)骨折固定的基本要素

夹板的固定使用：夹板长短一般与肢体长短相称，肢体突出部位要加棉垫。先包扎骨折处的两端再固定肢体的关节。注意操作时动作要轻，松紧适宜且牢固，并露出指（趾）端随时观察血液循环情况。

扩展知识

一. 骨折的类型和特点

根据骨折是否与外界相通，可以分为骨折处不与体外相通的闭合性骨折和骨折处与体外相通的开放性骨折；根据骨折的程度，分为骨组织完全断裂的完全性骨折和只有部分裂断的不完全骨折（图4-65）。健康骨骼受各种不同外力作用而发生的骨折，称为外伤性骨折；有病骨骼（例如肿瘤、结核、炎症等）遭受轻微外力作用而发生的骨折，则称为病理性骨折。骨折后1～2周以内，称为新鲜骨折，可用手法复位；如伤后超过2～3周，称为陈旧性骨折，用手法较难复位。

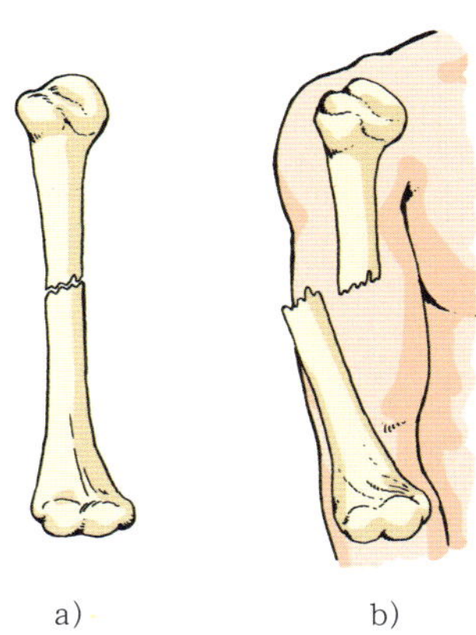

图4−65 骨折的类型
a）不完全骨折；b）完全性骨折

二. 骨折的现场急救

骨折现场急救的目的在于用简单有效的方法，抢救生命，防止休克，保护伤肢，减少痛苦，避免组织再损伤和再污染，并创造运送条件。

(1)一般处理

对怀疑有骨折的病人，均应当按骨

折处理，现场必须将骨折部位固定起来，力求避免不必要的搬运。开放性骨折伴出血的病人，应当立即给予止血，止血后用干净布单或毛巾将创口包好，再用夹板将患肢固定起来。

(2)创口包扎

绝大多数创口出血，用绷带压迫包扎后即可止血，可用消毒敷料包扎创口或用较清洁的布类包扎，既可以预防出血、防止休克，还可以防止创口再污染。骨折端已戳出创口，但未压迫血管神经时，不应立即复位，以防污染伤口深部，可用消毒敷料或清洁布单包扎伤口即可。

(3)妥善固定

固定是骨折急救时最重要的一项，用适当的方法将骨折的肢体固定起来，但不可试行复位。

临时固定可以止痛，防止休克，避免骨折端在搬运移动时更多地损伤组织。

固定材料以特制夹板最好，也可以用木板、硬纸板代替，若没有可用材料也可将受伤的上肢绑在胸部，将受伤的下肢同健肢一并绑起来。固定要包括骨折处的上、下两个关节，并要求露出指（趾）端以便观察血液循环变化，如发现指（趾）端苍白、麻木、青紫、剧烈疼痛应松开重新固定，松紧适当。

固定的材料不能与皮肤接触，必须用绷带、棉花或者布条包住才能取用，或在皮肤与夹板之间，尤其在夹板两端、骨突起和空隙部位要用棉花或代替品垫好，防止皮肤受压、组织坏死。

三. 前臂骨折固定法

夹板由肘到指，长宽与前臂相称，掌心内放一团棉花让病人握住，夹板放于掌侧固定，如有两块夹板，可在掌、背两侧各放一块固定，再用三角巾将肘关节屈曲吊起，如图4-66所示。

a)

b)

图4—66 前臂骨折固定法

a）夹板固定法；b）衣襟固定法

四．小腿骨折固定法

用1～2块长度为由大腿中部至足跟的夹板置于伤肢内、外侧固定。只有一块夹板时，可以放在小腿后面托住骨折做固定，足与小腿固定成直角，如图4-67所示。

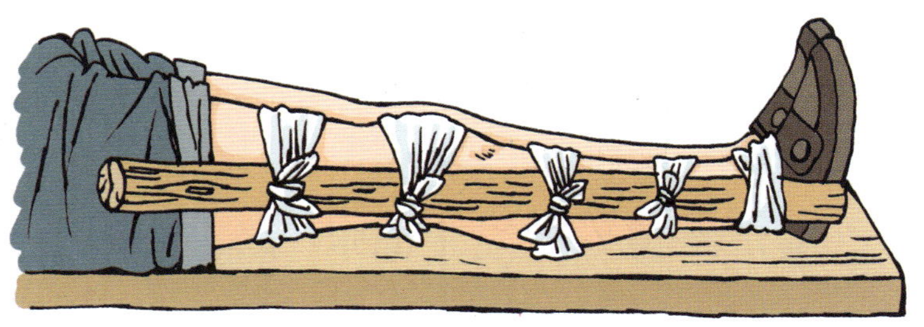

图4-67 夹板固定法

若下肢骨折，又无固定材料时，可临时用健侧肢体固定。方法是：于两腿之间塞入棉花或枕头、衣服等物后，用三角巾或者绷带将两下肢缠在一起固定，如图4-68所示。

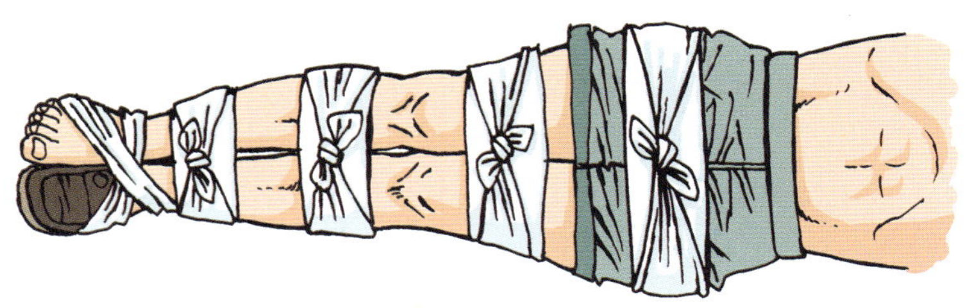

图4-68 健肢固定法

五．其他常见骨折部位的固定方法

1．指骨骨折

用一与手指等宽、长度为由指尖至手腕的小夹板放于掌侧，用绷带由指缠至手腕做固定。

2．掌骨骨折

用一长度为由指至前臂中部、宽度相当于手掌的夹板置于掌侧，用绷带固定，再将肘关节屈曲，用三角布或绷带悬吊于胸前。

3．上臂骨折

用长、宽与上臂相当的夹板置于骨折处外侧固定，再用三角布将前臂吊于胸前，最后用三角巾将上臂固定于胸廓上，如图4-69所示。

a)

b)

图4—69　上臂骨折固定法
a）夹板固定法；b）三角巾固定法

4．锁骨骨折

用三角巾悬吊前臂，另用一三角巾将患肢上臂固定在胸廓上，亦可在两侧腋下放置棉花后，用“8”字形绷带固定。

5．肋骨骨折

肋骨骨折时除有骨折的局部症状外。还可能有呼吸时剧痛，呼吸表浅，严重时有呼吸困难、咳血等情况。

固定方法：用棉花垫住患侧胸部，嘱咐病员尽量呼气，并且在呼气时用绷带将胸部由下而上包缠固定。

思考题

1．骨折的定义和特点有哪些?

2．骨折现场急救时，应做好哪些工作?

3．简述前臂骨折夹板—三角巾固定法。

4．简述小腿骨折与健肢固定法。

第五节 搬运伤员

伤病员搬运是创伤救护中另一个重要环节，是救护者在现场对伤病员进行了初步救护后及时、安全地将其搬运出现场到达医疗机构，得到进一步抢救和治疗的过程和技术。

要点

罗伯逊担架搬运

图4–70为尼尔—罗伯逊（neil–robertson）担架。

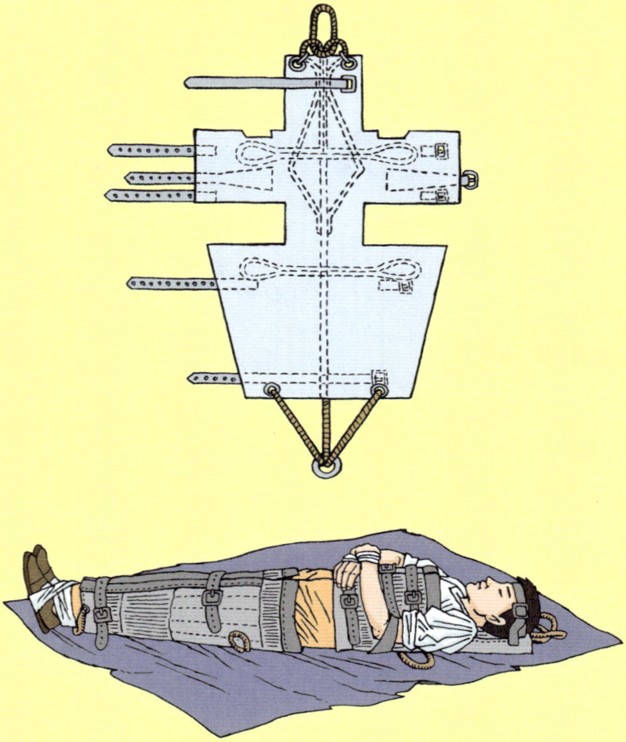

图 4–70

在船上，通道舱口较狭窄，舷梯较陡，一般担架的搬运难以适应。而罗伯逊担架其特点是可将伤病员牢固地包裹起来并可安全灵活地进行搬运甚至直接悬吊进救护直升机。

(1)准备抬起（图4–71）；

图 4–71

(2)抬起病人至担架，并且将担架在病人下面展开（图4–72）；

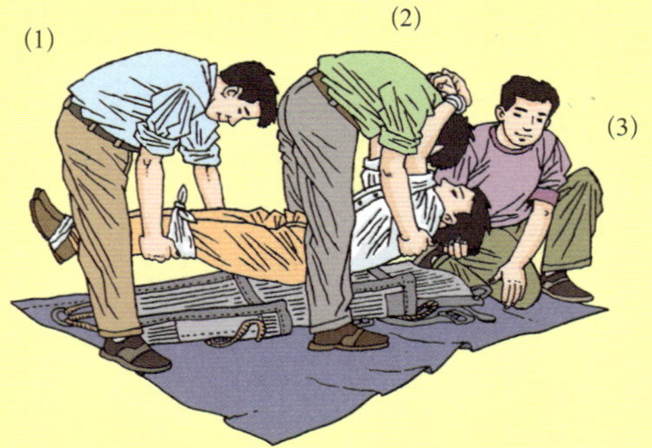

图 4–72

(3)担架已经捆绑完毕并且已经做好运送伤者的准备；病人双手被捆绑于胸部内侧或外侧的担架部分，依靠于伤处（图4–73）；

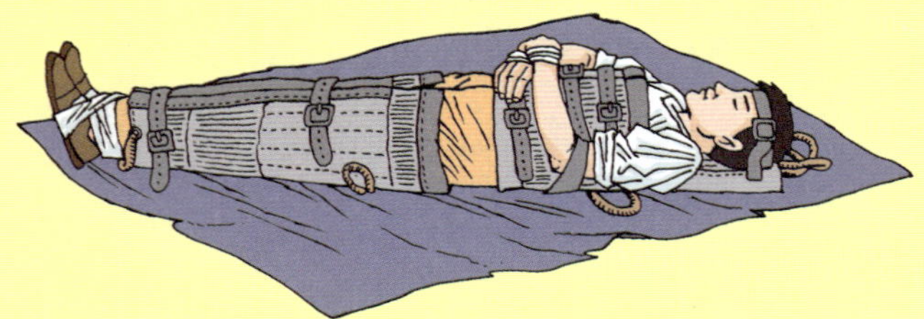

图 4–73

(4)已经把伤者捆绑于担架上，并且做好运送准备；颈部容易受伤，要十分小心，不要弯曲（图4-74）；

(5)担架垂直运送伤者（图4-75）。

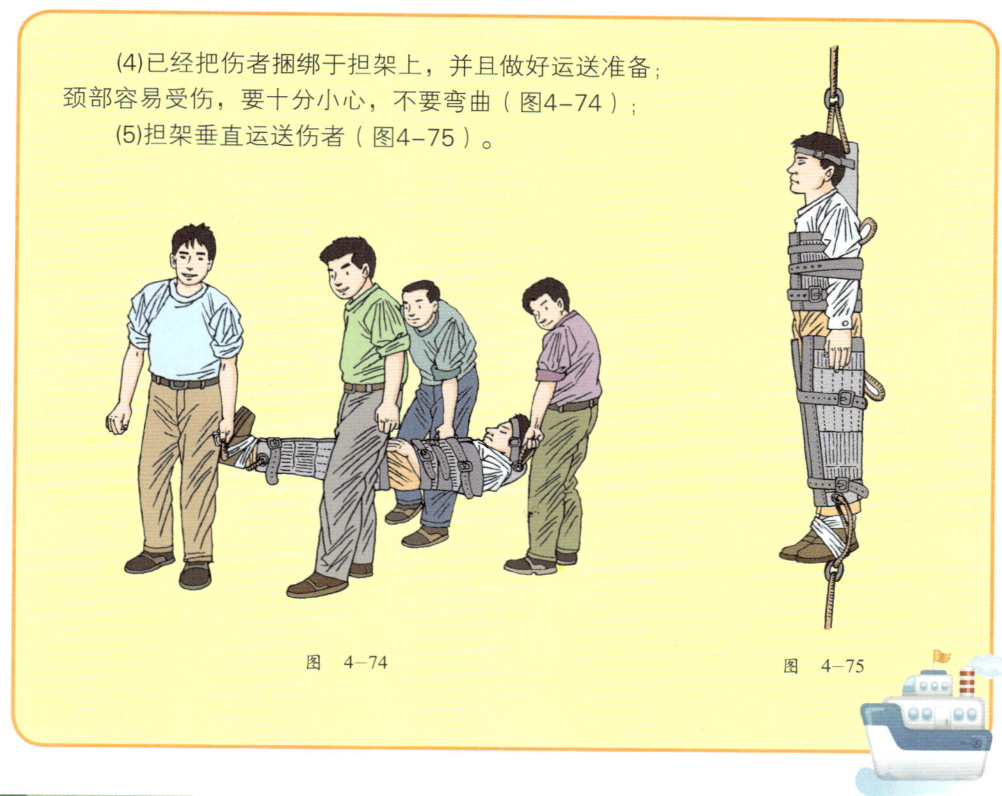

图　4-74

图　4-75

必备知识

徒手搬运

(1)衣服拖行（图4-76）

(2)腋下拖行（图4-77）

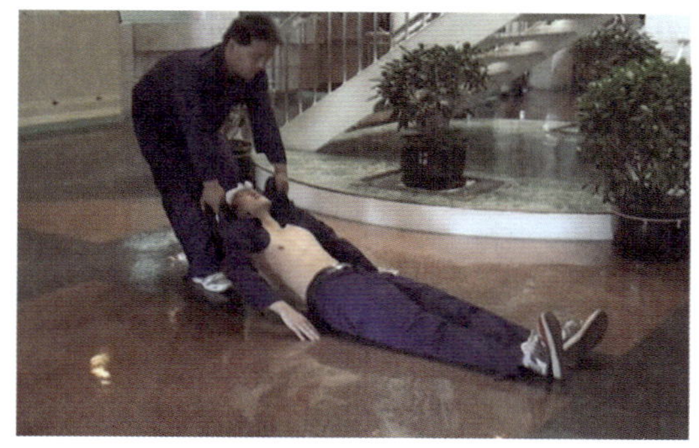

图　4-76

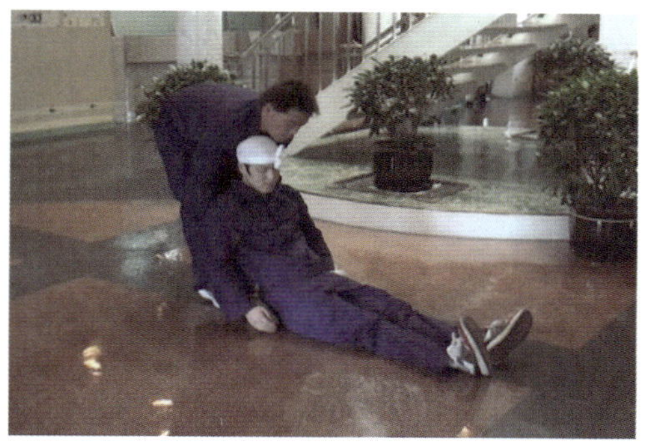

图　4-77

(3)爬行搬运（图4－78）

图　4－78

(4)颈椎骨折4人搬运（图4－79～图4－81）

(5)骨盆骨折3人搬运（图4－82）

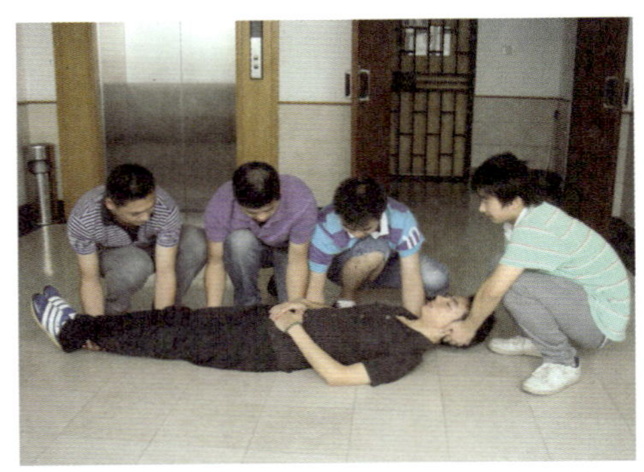

图　4－79

图　4－80

图　4－81

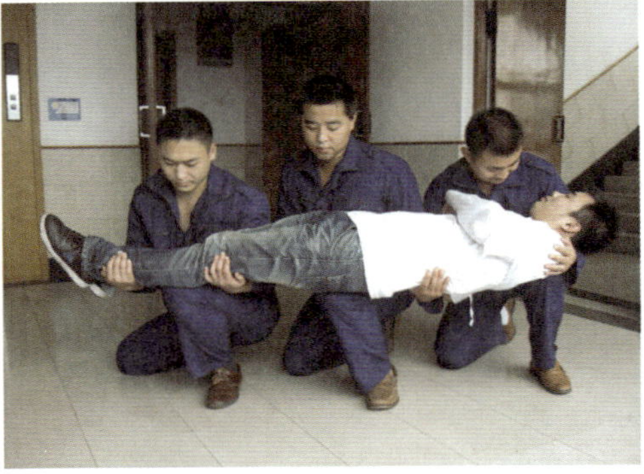

图　4－82

扩展知识

一．**椅托搬运**（图4-83）

在现场也可利用椅子、门板、毯子、梯子等作简易的搬运工具（图4-84）。

图　4—83　　　　图　4—84

二．**徒手搬运**

1．肩负法

(1)肩负法，第一步。参照肩负法示意图（图4-85），将伤病员托起。

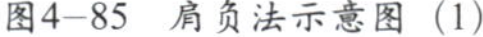

图4—85　肩负法示意图（1）　　　图4—86　肩负法示意图（2）

注：肩负法必须且仅被用于急救者对伤者不会造成伤亡的情况下。

(2)肩负法，第二步。急救者的左胳膊在伤者的下面并且环绕着他的左大腿。如图4-86所示。

(3)肩负法，第三步。急救者拉伸自己，挺立和转移伤员，使他的体重在急救者的肩膀两侧处于良好的平衡。如图4-87所示。

图4-87　肩负法示意图（3）

2．三手席位

当支撑伤者时，伤者没有受伤的胳膊绕过其中一个急救者的肩膀，如图4-88所示。

一位急救者用空出的手或者胳膊支撑伤患受伤的腿，伤者支撑自己的胳膊绕于急救者的肩上（图4-89）。

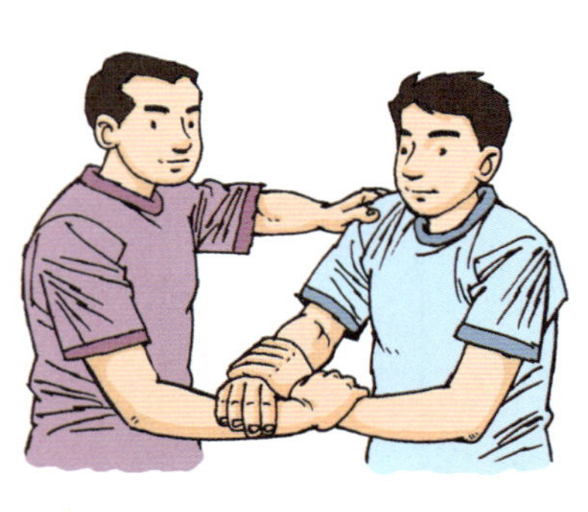

a)

b)

图4-88　三手席位示意图（1）

3．四手席位（图4-90）

4．拖放搬运

急救者沿着伤者的双腿之间爬行，伤者的双手用绳子系在一起环绕着急救者的脖子，如图4-91所示。

图4-89 三手席位示意图（2）

图4-90 四手席位示意图

在密闭空间进行人力拖放搬运，当急救者拖放搬运后，伤者的双手仍然用绳子系在一起环绕着急救者的脖子，如图4-92所示。

用人力将伤者移动至甲板以下，伤者大腿的重量由第三位急救者承担，如图4-93所示。

图4-91 拖放搬运示意图

图4-92 拖放搬运示意图

图4-93 拖放搬运示意图

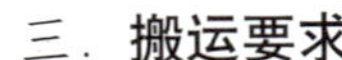

三. **搬运要求**

(1)搬运前应对伤病员先进行伤情判断，并初步对伤情进行了急救处理；

(2)可根据伤病情需要选择合适的搬运器材和方法；

(3)根据伤病员的伤部和伤势确定搬运时伤病员的体位和方法；

(4)在搬运过程中注意动作要轻、快，尽可能避免震动和颠簸以减少伤病员的痛苦。

思考题

1. 如何进行颈椎骨折4人搬运?
2. 简述肩负法的操作步骤。
3. 如何进行拖放搬运?
4. 简述罗伯逊担架搬运方法。
5. 现场只有一名施救者如何搬运伤病员?

附件 检查伤员伤情程序

现场对伤员进行救护前，尽可能先进行伤情检查以保证后续救治准确无误。

(1)检查头部：观察是否有出血、肿胀，鼻腔及耳道内是否有血液、脑脊液等流出（图4–94）。

(2)检查颈部：伤者平卧，检查者用手指从上到下对伤者颈后正中部位脊椎骨及软组织进行按压并询问是否疼痛（图4–95）。

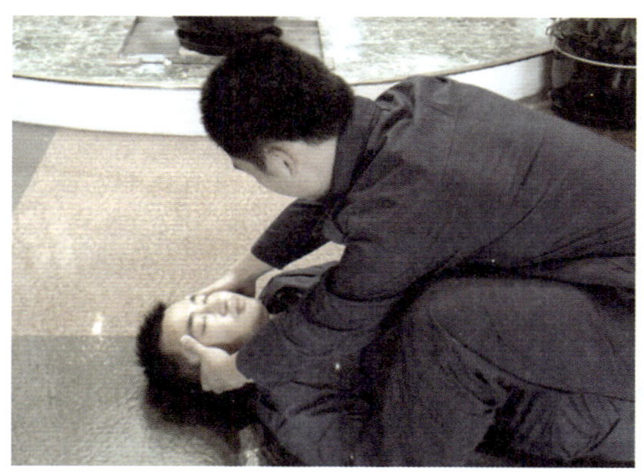

图 4–94

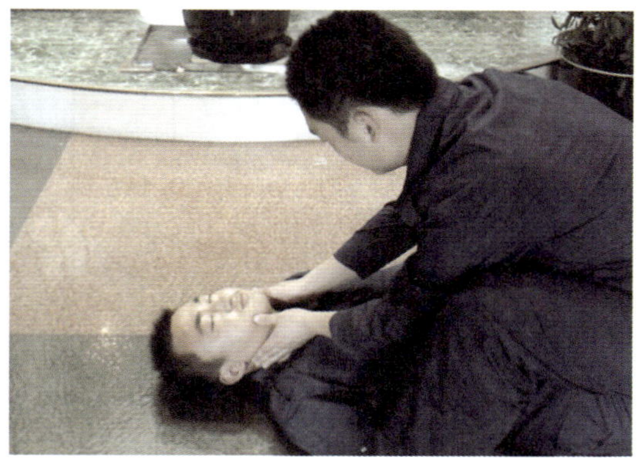
图 4–95

(3)检查胸部：观察呼吸情况，检查者用双手拇指沿胸廓两旁从上到下进行按压并询问有无压痛，若有明显压痛或两侧胸廓有不对称呼吸运动，则可能为肋骨骨折（图4–96）。

(4)检查骨盆：检查者双手挤压伤者骨盆两侧，如有明显疼痛则可能有骨盆骨折（图4–97）。

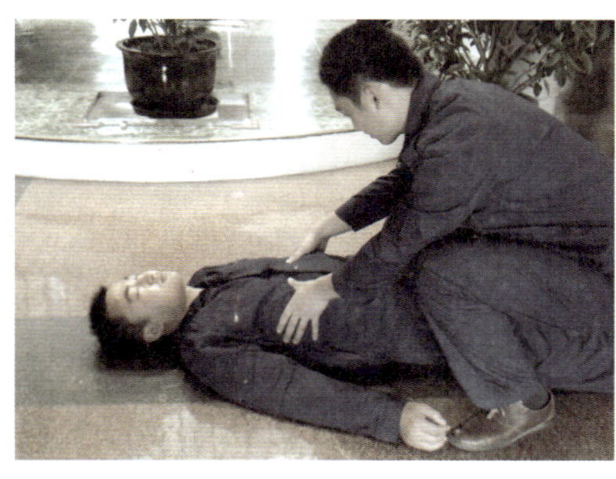
图 4–96

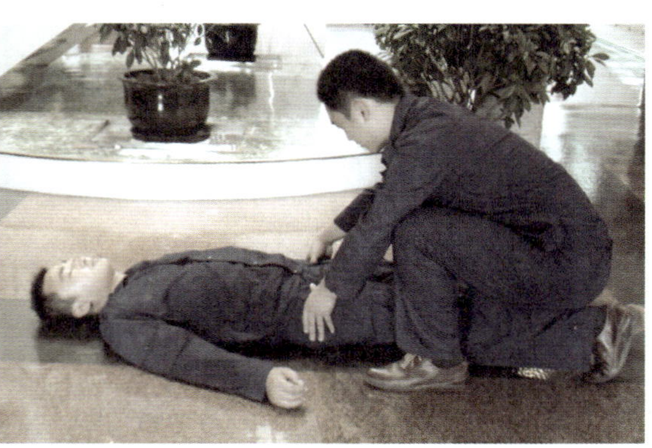
图 4–97

第五章　环境及理化因素损伤

第一节　溺　　水

溺水是人淹没于水中，水代替了空气经口、鼻进入呼吸道和肺泡或反射性引起喉痉挛导致的窒息和缺氧，吸收到血液循环的水引起血液渗透压改变、电解质紊乱和组织损害，最终导致呼吸和心跳停止而死亡。

要点

抢救溺水者时的注意事项

(1)溺水者是否需要倒水，应视具体情况而定。无呼吸道阻塞者，可不必倒水；呼吸道有水阻塞者，亦要尽量缩短倒水的时间，以免延误抢救时机。

(2)实施心肺复苏术要连续进行，不能中途间歇；对溺水患者不可轻易放弃抢救，一定要坚持至呼吸、心跳恢复或者出现尸斑为止。

(3)复苏成功后，要注意保暖。

(4)有条件时，可用抗菌素预防吸入性肺炎，例如青霉素、先锋、左氧氟沙星等，连用3天。

必备知识

一．溺水的判定和临床表现

溺水患者出水后的表现为：面、唇、四肢青紫，全身冰冷；眼睛充血、发红并稍突出，面部浮肿，口鼻充满泡沫、泥沙或杂草；意识丧失，脉搏、心跳微弱或完全停止，呼吸不整或停止，上腹部胀满。

二、溺水的现场抢救

(1)迅速清理呼吸道

患者被营救出水后，先要使呼吸道畅通，立即清除口、鼻腔内异物，如有假牙也

应同时除去，并将舌头拉出，以免后坠阻塞呼吸道。

(2)迅速倒水

迅速倒水法是将患者俯卧，腹部垫高，头部下垂，面部朝下，并以手压其背部。借助体位将患者体内的水从口腔排出，或双手从腰部托起溺水者以使水流出，如图5-1所示。倒水动作以倒出呼吸道及胃内积水为宜。

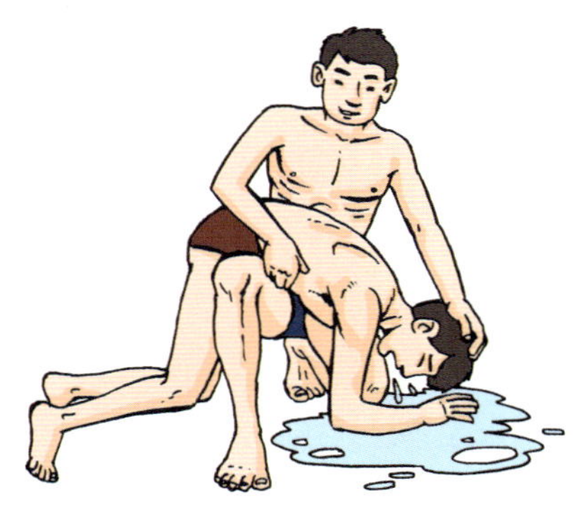

图5-1　伏膝倒水法

(3)立即进行心肺复苏术

经上述处理后，快速检查有无呼吸、心跳，如果呼吸和心跳停止，应立即进行人工呼吸和胸外心脏挤压。

(4)药物的应用

在有条件的船舶上，可对昏迷者肌肉注射或静脉注射呼吸兴奋剂，如可拉明（尼可刹米）、洛贝林（山梗菜碱）或者回苏灵等，必要时还可静脉注射肾上腺素，以促使心跳的恢复。

扩展知识

海水淹溺与淡水淹溺的区别

因海水和淡水成分不同，淹溺后所引起的身体变化也不同。

海水淹溺：海水含有较高的盐分（3.2%～3.8%）对血浆来讲是高渗透溶液。海水进入肺泡后，能使大量血浆以及水分通过毛细血管到达肺泡，造成血液浓缩和肺水肿，伴血钠、钾、氯增高。

淡水淹溺：淡水不含盐分，对血浆来讲是低渗溶液，淡水进入肺泡后，经肺部毛细血管进入血液循环中，使血容量增加，造成血液稀释和溶血。红血球破坏后引起大量钾离子析出，钾离子浓度增高易发生心室纤颤，造成心跳停止。

思考题

1．怎样对溺水者进行判定？

2．溺水的现场抢救方法有哪些？

3．抢救溺水者时需要注意些什么？

4．海水淹溺和淡水淹溺有何区别？

第二节 中　暑

中暑是人体较长时间处于烈日下或者高温环境中，特别是在空气温度高、湿度大、通风不良的环境中，长时间工作或强体力劳动，加上饮水不足，着装不当等，造成体内的热量不能及时散发出去，机体体温调节发生障碍而导致体温过高的急性病症。

要点

中暑的急救方法

(1)中暑应以预防为主，一旦发现先兆中暑或轻度中暑表现，患者应立即撤离高温作业的环境，到阴凉、通风、安静地方休息，例如走廊、树荫下等。

病人取半仰卧位，解开衣扣，脱去或松开衣服，同时用电扇或扇子扇风，以帮助散热，有条件时可在空调房内降温，同时补充含盐清凉饮料，即可逐渐恢复。对于大出汗和伴有呼吸循环衰竭倾向的轻度中暑者，可以饮大量的糖盐水，有条件做静脉输液者最好采用葡萄糖生理盐水，也可以给病人服用人丹、藿香正气水等药物。

(2)重度中暑者必须争分夺秒地紧急抢救，迅速降低过高体温，纠正水、电解质的紊乱，防止休克和脑水肿等。

(3)用冷水或冰水冷敷头部、颈部及四肢大血管处（如腋窝、腹股沟）等进行物理降温，也可用40%酒精擦身，同时按摩病人的四肢，以防周围循环的停滞。

(4)药物降温与物理降温同时应用效果较好。常用的降温药物是氯丙嗪，该药有抑制体温、调节中枢、扩张周围血管、加速散热、松弛肌肉及降低氧耗量的作用。用法：将氯丙嗪25～50mg稀释至500ml葡萄糖溶液或生理盐水中滴注1～2小时。病情紧急时，可将氯丙嗪25mg及异丙嗪25mg稀释于100～200ml葡萄糖溶液或生理盐水中，在10～20min内滴注完毕。若2小时后体温仍无下降趋势，可再重复一次。滴注时，注意观察血压、心率、呼吸等变化。受条件限制时，亦可使用阿斯匹林等药物。

经上述处理仍无好转的病人，应当尽快送医院治疗。

中暑的分类和临床表现

1．先兆中暑

患者有头昏、耳鸣、胸闷、心悸、恶心、大汗、口渴、四肢无力以及注意力不能集中等现象，体温正常或稍高，如及时离开高温环境，可以很快恢复。

2．轻度中暑

有先兆中暑症状，同时伴有面色潮红、体温继续升高或者伴有早期循环衰竭症状，如面色苍白，血压下降，脉搏细弱，皮肤湿冷等。

3．重度中暑

除有上述症状外，还有昏厥、痉挛、高热、体温达40℃以上甚至昏迷等症状。

重度中暑又分为以下三种类型：热痉挛、热衰竭和热（日）射病。

(1)热痉挛

在高温环境下进行剧烈运动、大量出汗后，人体容易出现肌肉痉挛，最易发生的部位是腓肠肌，持续约3min后缓解，无明显体温升高。症状的出现与严重体钠缺失（大量出汗未及时补充盐水）和过度通气有关。

(2)热衰竭

最为常见，常发生于老年人、儿童和慢性疾病患者，系心血管功能对高温不能适应的一种表现。病人可有面色苍白、血压下降、脉搏细弱、皮肤湿冷等明显脱水征，甚至出现昏迷等症状，体温可能轻度升高。

(3)热（日）射病

热射病是一种致命性急症，表现为高热（大于40℃）和神志障碍。热射病多发生于高温、湿度大和无风天气进行重体力劳动或者剧烈运动时，过热型患者突出表现为皮肤干燥、灼热潮红、无汗，体温高达40℃以上，伴有意识模糊、抽搐、昏迷。早期瞳孔缩小，对光反射迟钝；晚期瞳孔散大，对光反射消失，心动过速，血压下降，脉搏洪大，呼吸困难甚至死亡。

日射病是因头部长时间受强烈的太阳直接辐射，引起脑膜及脑组织充血所致，突出表现为剧烈呕吐，皮肤干燥，体温不升或微升，重者意识不清、抽搐等。

扩展知识

中暑病人转送就医的注意事项

先兆中暑和轻症中暑，予以脱离高温现场后对症处理即可，不必转送就医；热痉挛和热衰竭在现场急救后，观察病情变化并予以对症处理，一般不必转送就医。热射病患者，现场急救后应当立即转送上一级

医院继续治疗。

在转送过程中，应保持呼吸道通畅、吸氧。继续物理降温和静脉输液，密切观察生命体征变化并予以对症处理。

思考题

1．重度中暑分为哪三种类型？
2．简述如何急救中暑的病人？

第三节 烧、烫伤

烧伤是由于热力（火焰，灼热的气体、液体及固体）、电能、化学物质、放射线等所引起的一种损伤。烧伤不仅是皮肤损伤，还可深到肌肉、骨骼，并能引起休克、感染等并发症。

要 点

现场急救措施

1. 灭火并迅速脱离现场

扑灭或尽快脱去着火或沸液浸渍的衣服。制止伤员奔跑、呼叫及用手拍打火焰，以免助长火势，引起呼吸道和双手烧伤。

2. 对创面处理

当强酸、碱及其他化学品致伤时，应当迅速脱去被浸渍的衣服，用大量清水冲洗，越快越好。然后，用急救包、三角巾或者干净敷料包扎创面，如系磷烧伤应将敷料浸湿后包扎，创面不可用任何油膏、万花油等涂搽，以免增加以后的清创困难。如果伤员不能立即送医院治疗，有条件时，在无休克等危重情况下，亦可在肌注杜冷丁有效止痛后，用0.1%新洁而灭菌溶液清洁创面，再外敷无菌敷料。

3. 镇痛与镇静

烧伤后的剧痛，可引起原发性休克，疼痛剧烈时，可给予镇静止痛剂。轻者可口服去痛片，剧痛者可给予杜冷丁50～100mg肌注，但有颅脑伤或呼吸功能障碍者禁用。

4. 注意合并伤

去除致病原因后，首先对危及病人生命的合并伤如：休克、出血、窒息、呼吸停止等要迅速进行抢救。有骨折者要进行包扎和固定。

5. 早期预防休克

中、大面积烧伤，若4～8h内不能送到医院治疗，由于渗出可引起继发性休克，烧烫伤后立即应口服含盐饮料，不宜单纯喝开水，以免加重渗出或引起其他病变。

中小面积烧伤，作上述处理后，便可立即送医院：中、大面积伤员病情重，在作上述处理的同时，应与陆地医院取得联系，转送途中最好要有医生护送，并要继续进行口服或静脉输液（含盐液）抗休克、止痛和抗感染等处理。

烧伤的严重程度与烧伤面积和深度有密切关系，因此正确认识和估计烧伤面积和深度是判断伤情以及治疗烧伤的重要依据。

一．烧烫伤面积的估算

1．九分法

即两上肢各为9%，两下肢前、后分别为9%，前胸9%，后背9%，臀部9%，腹部9%，头面颈部（前后）9%。如此共为11个9%，外加会阴部1%，合计100%（图5–2）。

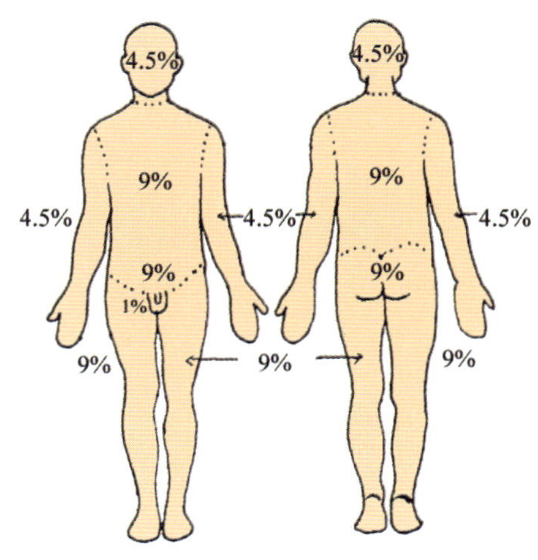

图　5–2

2．手掌法

不论年龄大小，伤员五指并拢时其手掌面积占体表约1%，手掌法常用于小面积或分散的烧伤估算。

二．烧烫伤深度的分类

烧伤深度采用三度四分法，即一度、二度（分浅、深二度）和三度烧伤（表5–1）。

烧伤深度计算表 表5–1

分度		深度	创伤面表现	创面无感染时的愈合过程
一度（红斑）		达表皮角质层	轻度红、肿、痛、热，感觉过敏，表面干燥	1～3天后脱屑全愈，无疤痕
二度（水泡）	浅二度	达真皮浅层，部分生发层健在	剧痛，感觉过敏，有水疱，基底呈均匀红色，潮湿，局部红肿	1～2周愈合，无疤痕，有色素沉着
	深二度	达真皮深层，有皮肤附件残留	痛觉迟钝，有水疱，基底苍白色，间有红色斑点，潮湿	3～4周愈合，有轻度疤痕
三度（焦痂）		达皮肤全层，甚至伤及皮下组织，肌肉和骨骼	痛觉消失，无弹力，坚硬如皮革样，蜡白，焦黄或炭化，干燥。干后皮下静脉阻塞如树枝状	2～4周焦痂溶解，形成肉芽创面，除小面积外，一般均需植皮才能愈合，可形成疤痕和疤痕挛缩

扩展知识

处理烧烫伤患者时的注意事项

对二度烧伤水泡不要剪破，应使用消毒敷料包扎好。对严重大面积烧烫伤，应脱去或剪除衣服，如已与创面粘连时，不应强行撕拉，应将未粘连部分剪去，否则创面皮肤会被撕脱。创面应使用生理盐水或冷开水洗（不可用未经消毒的水洗），创面用消毒敷料或干净床单等加以简单包扎保护。

思考题

1．如何计算烧伤深度？
2．简述烧伤的急救方法。
3．处理烧伤患者时，需要注意些什么？

第四节 强酸、强碱损伤

强酸主要是指硫酸、硝酸和盐酸，强碱主要指氢氧化钠、氢氧化钾、氢氧化钙。强酸、强碱具有很强的腐蚀性，其损伤中毒的途径有：接触性损伤、吸入性损伤以及食入性损伤。

要点

根据不同毒物引起的接触性损伤，先用清水冲洗后再用适当的缓冲剂（中和剂）洗涤或湿敷。强酸损伤可用2%～5%碳酸氢钠溶液中和，强碱损伤可用2%醋酸中和。

眼部损伤处理方法如下：

(1)大量清水冲洗受伤害的眼睛至少20min（注意冲洗时头要偏向受伤的一侧），如图5-3所示。

(2)冲洗后用抗生素眼膏涂抹眼睛并给予局部覆盖包扎；

(3)使用止痛药。

图　5-3

必备知识

一．吸入性损伤

1．主要症状

吸入性损伤是吸入酸或碱蒸汽所致，表现为咽喉干燥、疼痛，声音嘶哑，咳嗽，严重者有气急、呼吸困难等症状。

2．处理措施

(1)迅速撤离有害场所，将病人移到空气新鲜处，解开上衣，保持呼吸道通畅；

(2)用湿水或中和剂含漱或雾化吸入；

(3)呼吸困难者可能出现肺水肿，应给予吸氧及相应处理；

(4)对呼吸停止者进行人工呼吸，对心跳停止者进行胸外心脏按压。

二．食入性损伤

1．主要症状

食入性损伤多为误服或者自杀时自服酸或碱液损伤，可产生严重的消化道烧灼伤，病人感到剧烈的烧灼痛、胃肠绞痛、恶心呕吐，可吐出血性液体，常有腹泻，排出血性粘液便，严重者可有消化道穿孔，形成腹膜炎、休克，甚至死亡。

2．处理措施

(1)禁止催吐和洗胃，患者可饮清水以稀释酸或碱溶液。强碱损伤者，可口服食醋和稀果汁；强酸损伤者，不宜用碳酸氢钠中和，以免胃肠胀气引起胃穿孔，可口服鸡蛋清或牛奶200ml，半小时后再服植物油100～200ml起润滑作用。

(2)保持呼吸道通畅，尽快送医院抢救。若喉头水肿而致呼吸困难者，可用地塞米松减轻喉头水肿，必要时做气管切开治疗。

(3)维持电解质及酸碱平衡，抗休克及抗感染，积极防治肺水肿。

三．接触性损伤

1．主要症状

接触性损伤是酸或者碱直接污染皮肤所致，主要症状是眼球充血、怕光、流泪，皮肤红肿、烧灼等。

2．紧急处理措施

皮肤损伤处理方法如下：

(1)大量流动清水彻底冲洗被酸或碱污染的皮肤与伤口至少15min；如图5-4所示。

(2)同时脱去被污染的衣服、鞋袜等；

(3)用三角巾或者干净敷料包扎创面；

(4)送医院进一步处理。

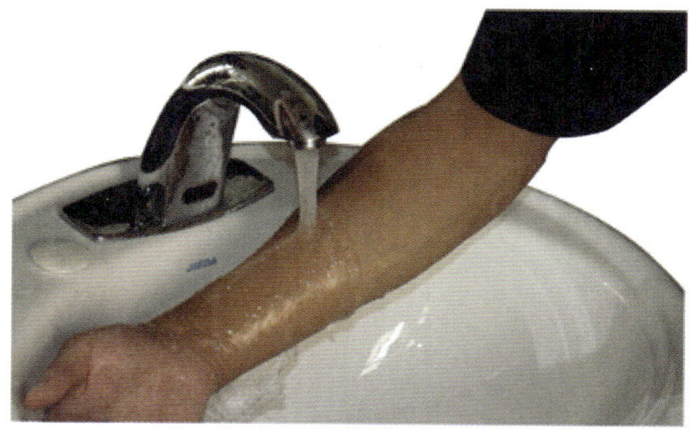

图5–4　接触性损伤

思考题

1．引起强酸、强碱损伤的途径有哪些？

2．根据强酸、强碱损伤的途径不同，病人会产生哪些症状？怎样急救？

第五节 电 击 伤

一定量的电流或电能量通过人体引起组织不同程度损伤或器官功能障碍，甚至发生死亡的现象，称之为电击。本节对电击伤的临床表现与急救方法作详细地介绍。

要 点

电击伤现场急救

(1)立即切断电源，或者用绝缘物体如干燥的竹竿、木棒等拨开电线。

(2)呼吸和心跳停止者，应当立即进行心肺复苏术，以挽救伤者生命，且能减少并发症和后遗症。心肺复苏术是抢救电击伤者的最主要措施，应持久进行，不要轻易放弃。

(3)电灼伤创面，要消毒、包扎，减少污染。创面周围皮肤先用碘酒、酒精处理，再用油纱布包扎，并加盖消毒敷料。皮肤组织坏死者应当进行清创术，及时切除焦痂，必要时用抗毒素预防破伤风，用抗菌素预防感染。

电击伤的特点

触电后轻者仅出现瞬间感觉异常，重者可致死亡。

(1)全身表现

触电后，轻者会出现痛性肌肉收缩、惊恐、面色苍白、头痛、头晕、心悸等症状，重者则会出现抽搐与休克症状，可能伴有心律不齐，或者立即进入“假死”状态（即心跳和呼吸停止）。高压电击特别是雷击时，常发生意识丧失、心脏、呼吸骤停，如不及时复苏则会死亡。

(2)局部表现

电流的进出口部位皮肤发生烧伤，虽然烧伤面积小，仅限于触电部位，但是组

织破坏很深，可达肌肉、骨骼。烧伤部位的组织炭化或坏死成洞，边界清楚，且愈合慢，容易出血。

(3)并发症和后遗症

电击后24～48h，常出现严重室性心律失常、肺水肿、胃肠道出血、弥散性血管内凝血、烧伤处继发细菌感染等症状，约半数电击者有单侧或双侧鼓膜破裂。电击后数天到数月，可能出现神经系统病变，视力障碍。

思考题

1．电击病人有哪些临床表现？

2．简述如何进行电击急救。

第六章 常见急症

第一节 高　热

正常人体温是相对稳定的，是人体在体温调节中枢（部位在丘脑）的管理下，产热和散热处于动态平衡所致。在病理情况下，当散热表现为绝对或相对不足时，热量在体内积蓄，体温便升高。

要 点

高热的处理

1．一般处理

高热患者应当卧床休息，进食易消化的食物，如稀粥、糖水、豆浆等，适当补充维生素B及维生素C。伴有怕冷、寒战的发热病人，应注意保暖，让患者多饮开水，目的是补充出汗所损失的水分，加速排出有害物质。

2．病因治疗

针对病因的治疗是关键性的治疗，如由感染引起的高热必须用足量的抗菌素等。

3．物理降温

可用冷敷法、冰袋法、擦浴法等对高热病人进行物理降温。根据病人的病情和身体的耐受情况，结合气候特点，使用温水（32～34℃）、冷水、冰水等在病人的前额、颈枕部、腋下、大腿根部等进行擦浴或冷敷，亦可以用40%左右的酒精擦浴上述部位。但体温不可降太低，一般控制在37～38℃为宜。

4．药物降温

可适当服用少量的阿斯匹林、扑热息病等解热镇痛药，防止出汗过多而虚脱，并注意补充水分。对于高热引起头痛、烦躁不安的患者，可适当使用镇静剂，例如苯巴比妥或非那根等。

注意：对于体温在38℃以下的病人，不要急于进行退烧治疗，单纯的退烧治疗效果不一定好，而药效过后体温又会升高。

引起人体发热的原因很多，绝大多数是由各种致病微生物在人体抵抗力下降的情况下侵犯人体所引起的。

发热是身体的一种防御反应，是人体对疾病的一种抵抗能力的表现，但过高的体温可引起惊厥、抽风、神志不清、休克等症状。因此，人体出现高热症状时必须立即处理。本节重点介绍高热的处理常识。

一．发热的分类

发热可分为感染性与非感染性两大类。

(1)感染性发热较多见，包括细菌、病毒引起的呼吸系统感染、泌尿系统感染、消化系统感染、腹腔脏器感染、心血管系统感染、神经系统感染、急性传染病以及其他等。

(2)非感染性发热分为血液系统疾病、风湿性疾病、恶性肿瘤以及其他等。

二．热度的定义

人体的正常腋下体温为36～37℃，肛门体温为36.5～37.7℃，口腔体温为36.3～37.2℃。以腋下体温为基准：低热：37.3～38℃，中度发热：38.1～39℃，高热：39.1～41℃，超高热：41℃以上。高热时患者往往表现为皮肤干热、眼结膜充血潮红、呼吸心跳加快加强、胃肠蠕动下降、粪干尿少。

发热通常不是独立疾病，而是发热性疾病的重要病理过程和临床表现。许多疾病常常由于早期出现发热而被察觉，因而它是疾病的重要信号，甚至是潜在恶性病灶（肿瘤）的信号。在整个病程中，体温曲线变化往往反映病情变化，对判断病情、评价疗效和估计预后均有重要参考价值。

思考题

1．低热的定义是什么？

2．发热的分类有哪些？

3．试述高热的急诊处理方法。

第二节 晕　厥

晕厥也称昏厥、虚脱、昏倒，是一过性脑部缺血、缺氧引起的短暂的意识不清，在脑供血恢复后，立刻就会苏醒。

 要点

晕厥的处理措施

(1)出现昏厥先兆症状或昏倒在地时，让病人平卧，头部略低并抬高下肢，解开衣领、腰带等，如图6–1所示。

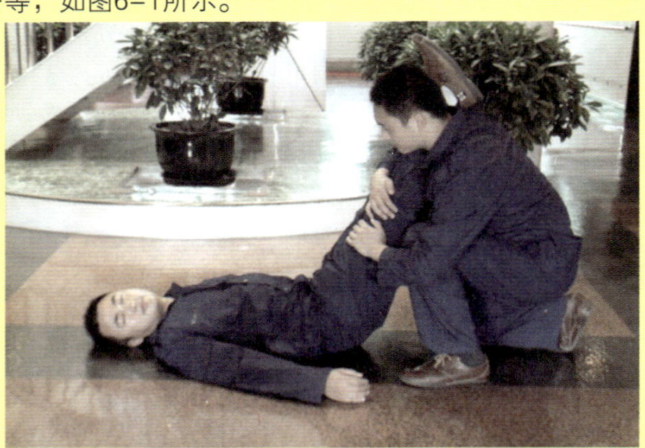

图6–1　昏迷(晕厥)体位

(2)移动病人于空气流通处，听病人是否有呼吸；病人呼吸有困难，如有条件可输氧；若呼吸停止，应立即进行人工呼吸，如图6–2所示。

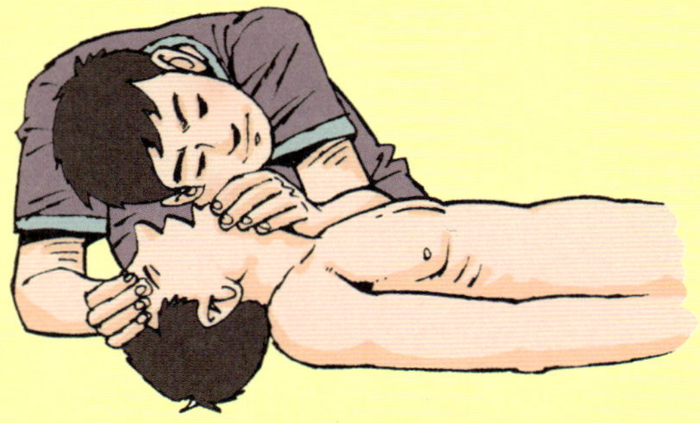

图6–2　听取病人呼吸

(3)针刺或用手掐有效穴位，如人中、合谷等，以促其苏醒。

(4)知觉恢复后，可给以热茶、热咖啡。给患者擦涂清凉油、风油精等也有一定疗效。

(5)病人清醒后，有条件时应送医院做进一步检查，以明确是否有心脏病、颈椎病、脑血管病等，便于针对病因治疗。

一．晕厥的原因

单纯性晕厥较多见，可以由强烈刺激诱发，如恐惧、疲劳、疼痛、见血、悲痛或饥饿引起低血糖。从而引起全身广泛性小血管扩张，使脑部缺血导致晕厥发生。但是，晕厥也可能是某些严重急病的表现，如各种心脏病、颈椎病、脑动脉硬化、低血压。

二．晕厥的临床表现

昏厥前有预兆，患者有头晕、眼花、恶心、耳鸣、眼前发黑、出冷汗、衰弱、站立不住而昏倒等症状。

昏厥的进一步发展会出现神志不清、面色苍白、皮肤湿冷、呼吸表浅、脉搏弱而慢但逐渐加速、血压逐渐降低、不省人事等症状。昏厥发作时，患者多处于站立或坐位，很少在卧位时发生。

扩展知识

一．晕厥的分类

根据晕厥发病的原因不同可以分为：血管舒缩障碍性晕厥、心源性晕厥、脑源性晕厥、血液成分异常性晕厥。其中以血管舒缩障碍性晕厥最为常见。

血管舒缩障碍性晕厥又叫做血管神经性晕厥，根据发病特点可分为普通晕厥、体位性低血压性晕厥和排尿性晕厥。

(1)普通晕厥：多由疼痛、精神紧张、舱室空气不流通、闷热、饥饿、疲劳等所致。

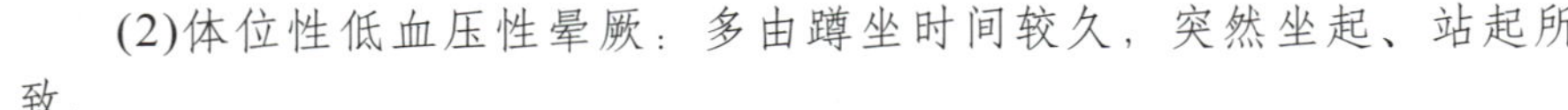

(2)体位性低血压性晕厥：多由蹲坐时间较久，突然坐起、站起所致。

(3)排尿性晕厥：多见于男性晚上、清晨或午睡后起来排尿时及排尿后。

二、晕厥与休克、昏迷的鉴别

(1)昏迷者意识丧失较持久且不易恢复。

(2)晕厥与休克的界限不易划分，不同点是，晕厥有短暂的意识障碍，循环衰竭的时间短、程度较轻，且易于恢复。

思考题

1．什么是晕厥？
2．人在哪些情况下会发生晕厥？
3．晕厥时病人有哪些临床表现？
4．简述晕厥的处理措施。

第三节 休　克

休克是急性循环功能不全，使维持生命的重要器官得不到足够的血液灌注而产生的综合病症。休克可发生在各种不同的疾病中，其发病的原因是血管内有效血容量的绝对或相对不足，血液的循环和流动不良，最后导致组织缺血、缺氧。

要点

休克的一般处理原则

(1)一旦发现病人处于休克状态，必须迅速就地抢救并且呼叫急救医生。切忌将病人搬来搬去，在休克未明显稳定和改善时，不要试图送病人去医院。

(2)让患者去枕平卧，下肢抬高30°，保持安静，避免过多地搬动，有呕吐者头转向一侧，以防呕吐物阻塞呼吸道，并注意保暖，如图6–3所示。

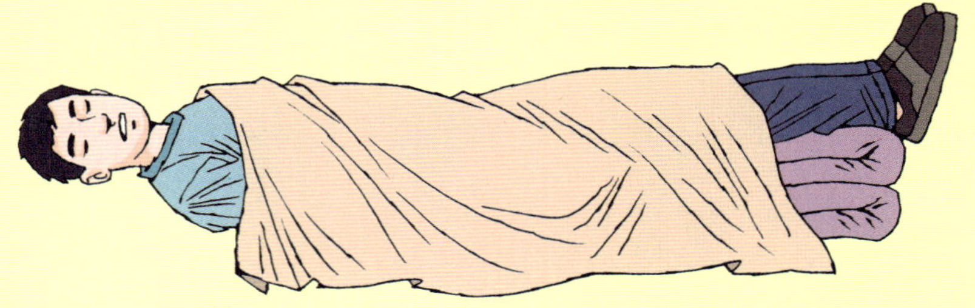

图6–3　休克体位

(3)如果患者神志清楚，可喝少量的糖盐水或淡盐水，不能喝白开水，有条件时可吸氧。

(4)找出休克原因，尽快针对病因治疗。船上以心源性休克和失血性休克较为多见。对于出血所致的休克，应尽快止血，例如伤口包扎，口服云南白药、安络血，肌注止血敏等。对于外伤性休克，除用止痛药外，应同时用止血药。有条件时，可根据情况选用升压药如肾上腺素、可拉明、多巴胺等，或者给病人输液、输血来补充血流量，必要时进行人工呼吸和胸外心脏按压。

一. 休克的原因

1. 低血容量性休克

低血容量性休克主要为失血或失液性休克，是大血管破裂、消化道大出血或内脏破裂等，也可见于肠梗阻、急性胃肠炎等所致的严重呕吐、腹泻及大面积烧伤等原因而引起的全身血容量不足。

2. 心源性休克

心源性休克是因心脏排血功能低下所致。如急性心肌梗塞、各种心肌炎、心律失常、急性心包积液等心脏病。

3. 感染性休克

感染性休克又称中毒性休克，由病原体、毒素及抗体复合物等所致。例如败血症、胆道感染、中毒性痢疾等。

4. 过敏性休克

过敏性休克是机体对某些药物或生物制品发生的过敏反应，例如青霉素、破伤风及白喉抗毒素、血清过敏等。

5. 神经性休克

神经性休克是由外伤、剧痛、脑脊髓损伤及麻醉意外等引起。神经作用使周围血管扩张、有效血容量相对减少而导致休克。

二. 休克的临床表现

(1)神志改变，初期出现烦躁不安、口渴等症状，随后转为抑郁而淡漠，严重者出现昏迷。

(2)皮肤苍白、发绀、湿冷。

(3)脉搏细弱，心率为100次/min以上。

(4)血压下降，一般降至80/60mmHg（10.67/8.00 kPa）以下，脉压差小于30mmHg（4.00 kPa）。

(5)尿量减少，每小时少于25～30ml。

思考题

1. 休克的原因有哪些?
2. 休克的临床表现有哪些?
3. 简述休克的一般处理原则。

扩展知识

随着现代社会生活、工作的节奏越来越快，人们普遍感到精神压力越来越大。长期的压力往往罹患各种各样的疾病，其中高血压、冠心病的发病率明显升高，已成为常见病。

下面就心绞痛、心肌梗死、高血压及高血压急症作一个探讨，以期得到大家的重视。

心 绞 痛

心绞痛是一种由暂时性心肌缺血、缺氧引起的疾病，以发作性心前区闷痛或不适为主要表现的临床综合征，其病因主要是冠状动脉粥样硬化引起的血管狭窄或痉挛。

一．**心绞痛的临床表现**

心绞痛症状主要包括五个方面：

(1)疼痛部位

一般位于胸骨后或左胸前区，每次发作部位相对固定，手掌大小范围，甚至横贯全胸，界限不很清楚。可放射至左肩、左臂内侧达无名指和小指，或放射至咽、牙龈、下颌、面颊。

(2)疼痛性质

一种闷痛，常为压迫、紧缩、烧灼等不适感，重症发作时常伴出汗，偶可出现濒死感。

(3)诱因

劳力性心绞痛发生在劳累或情绪激动时，包括饱餐、排便都可诱发；卧位心绞痛常发生在平卧后1～3小时内，严重者平卧数十分钟即可发生；自发心绞痛发作常无诱因；变异心绞痛常在午间或者凌晨睡眠中定时发作。

(4)持续时间

一般3～5min，重度可达10～15min，极少数超过30min，超过者需与心肌梗死鉴别。

(5)缓解方式

劳力性心绞痛发作时被迫停止动作或自行停止活动，数分钟左右即可完全缓解。舌下含硝酸甘油1～3min即可完全缓解，一般不超过5min。卧位心绞痛需立即坐起或站立才可逐渐缓解。

(6)体征

一般无阳性体征。部分病人发作时会使血压升高，心率增快，心尖部可闻及收缩期杂音，其杂音可随缺血缓解而消失。

二．心绞痛的诊断与鉴别

(1)在船上由于无法做心电图，我们只能根据心绞痛发作的特点来作出判断。

(2)本病须与心脏神经症鉴别。心脏神经症的疼痛多为短暂（几秒钟）的刺痛或持久（数小时）的隐痛，患者常喜欢作叹息样呼吸。疼痛部位多在心尖部附近，症状出现不是在劳累或者兴奋的当时而在其后，舌下含服硝酸甘油无效，或10多分钟后才见效，常伴有心悸、疲乏及其他神经衰弱症状。

三．心绞痛的急救措施

(1)休息：发作时立刻休息，一般患者在停止活动后症状便可消除。

(2)硝酸甘油：为最常用而有效的药物，每片0.5mg，一片置于舌下，在1～2min内开始作用，30min后作用消失。可有头胀、头昏等副作用。

(3)硝酸异山梨酯：5～10mg，舌下含化，2～5min见效，作用维持2～3h。在应用上述药物的同时，可考虑用镇静药物。

(4)缓解后，尽量避免各种诱发因素。调节饮食，避免过饱；禁烟酒；减轻精神负担；调节工作量；保持适当体力劳动；谨慎安排适宜的体育锻炼，有助于促进侧支循环的发展，提高体力活动的耐受量而改善症状。

(5)使用作用持久的抗心绞痛药物，以防止心绞痛发作，例如硝酸异山梨酯，β-受体阻滞剂等。

(6)部分心绞痛发作频繁严重、有发生急性心肌梗死危险的人不建议到船上工作。

四．心绞痛临床分型

(1)稳定型心绞痛：性质、强度、位置、发作次数、诱因等在1～3个月内无明显变化。

(2)不稳定型心绞痛：原为稳定型心绞痛，在1个月内疼痛发作的频率强度增加、时间延长、较轻负荷即可诱发，休息状态也可发作，硝酸类药物缓解作用减弱。

五．心绞痛严重度分级

采用加拿大心血管协会根据劳力型心绞痛的分类（1972年），共分为4级。I级：一般体力活动（如步行和登楼）不受限，仅在强、快或长时间劳累时发生心绞痛。Ⅱ级：一般体力活动轻度受限，快步、饭后、寒冷或刮风中、精神应激或醒后数小时内步行或登楼；步行两个街区以上、登楼一层以上和爬山，均引起心绞痛。Ⅲ级：一般体力活动明显受限，步行1～2个街区，登楼一层引起心绞痛。Ⅳ级：一切体力活动都引起不适，静息时可发生心绞痛。

思考题

1．心绞痛病人的临床表现表现有哪些？
2．简述心绞痛病人的急救处理方法。

扩展知识

心肌梗死

心肌梗死是在冠状动脉病变的基础上，发生冠状动脉血供急剧减少或中断，使相应的心肌严重而持久地急性缺血导致心肌坏死。临床表现有剧烈而持久的胸骨后疼痛、发热、白细胞计数和血清心肌坏死标记物增高以及心电图进行性改变等，亦可有心律失常、休克或者心力衰竭。

一．心肌梗死的临床表现

(1)先兆

一般在发病前数日有乏力，胸部不适，心绞痛发作突然频繁或程度加重，或者原无心绞痛者出现心绞痛等前驱症状。

(2)症状

①疼痛：最早出现的症状，多发生于清晨，其性质、部位及放射均与心绞痛相同，但诱因不明显，常发生于安静时，较剧烈而持久，可以达数小时或更长，休息和含服硝酸甘油多不能缓解。常伴有烦躁不安、出汗、恐惧，或有濒死感。少数患者无疼痛，部分患者疼痛位于上腹部、颈部、下颌、背部等，易引起误诊。

②全身症状：有发热、心动过速等。发热常在发病后24～48h出现，体温在一般在38℃左右，很少超过39℃，持续约一周。

③胃肠道症状：疼痛剧烈时伴有恶心、呕吐和上腹胀痛等。

④心律失常：大多数患者于24h内出现心律失常，以室性心律失常最多见。

⑤低血压和休克：患者面色苍白，烦躁不安，皮肤湿冷，大汗淋漓，脉细而快，血压下降，尿量减少，甚至晕厥，出现休克表现。休克多在起病数小时至一周内发生，多为心肌广泛（40%以上）坏死，心排血量急剧下降所致，严重的休克可在数小时内引起死亡。

⑥心力衰竭：主要为急性左心衰竭，有呼吸困难、咳嗽、紫绀、烦

躁等症状等，甚至发生肺水肿。

(3)体征

心率多增快，可有各种心律失常。

二．心肌梗死的紧急处理措施

船上如果出现疑似心肌梗死病人，因远离陆地，缺少基本的医疗设备，病人难以得到确切的诊断和及时正确的治疗，往往会突发不测引起死亡。一旦怀疑病人患心肌梗死应采取下列措施：

(1)休息：绝对卧床至少两周，以减少受损心肌耗氧量。保持环境安静，减少探视，防止不良刺激，解除焦虑。大小便不能下床。

(2)监测：严密观察血压、呼吸、心律以及心率变化，避免猝死。

(3)吸氧：有条件的船只在最初的几日要给予断续或持续吸氧，以改善心肌的缺氧状态。

(4)护理：给予易消化、低盐、低热量饮食。保持大便通畅，便秘时可以用缓泻剂。

(5)治疗：根据船上条件，疼痛严重者给予哌替啶50～100mg肌肉注射或吗啡5～10mg皮下注射。既往无出血病史的人可给予阿司匹林150～300mg口服每日一次，三天后改为75～150mg每日一次，有条件还可静脉滴注营养心肌药物或活血化淤药物。

(6)及时送往陆上医院治疗。

三．心肌梗死的并发症

心肌梗死的并发症有心律失常、心力衰竭、心源性休克、低心排血综合征、急性心肌梗死后期的心力衰竭、乳头肌功能不全和乳头肌断裂、室间隔穿孔、心室游离壁破裂、室壁瘤形成、栓塞以及心肌梗死后综合征。

思考题

1．心肌梗死的临床表现有哪些?

2．简述心肌梗死的急救措施。

3．心肌梗死的并发症有哪些?

扩展知识

高血压及高血压急症

高血压是以体循环动脉压升高、周围小动脉阻力增高，同时伴有不同程度的心排血量和血容量增加。

目前，我国采用国际上统一的标准，即收缩压≥140mmHg和（或）舒张压≥90mmHg即可诊断为高血压。根据血压增高的水平，可进一步将高血压分为1、2、3级（表6-1）。

血压水平的定义的分类（1999WHO／ISH）　　表6—1

类　　别	收缩压　（mmHg）	舒张压（mmHg）
理想血压	＜120	＜80
正常血压	＜130	＜85
正常高值	130～190	85～89
1级高血压（“轻度”）、	140～159	90～99
亚组：临界高血压	140～149	90～94
2级高血压（“中度”）	160～179	100～109
3级高血压（“重度”）	≥180	≥110
单纯收缩期高血压	≥140	＜90
亚组：临界收缩期高血压	140～149	＜90

注：当收缩压和舒张压分属于不同的分级时，以较高级别为标准。

一. 高血压的临床表现

高血压起病缓慢，无明显不适。部分病人有头痛、头晕、疲倦等症状。严重高血压发生时，病人可能出现剧烈头痛、头昏、恶心、呕吐、鼻出血、视力模糊，甚至出现中风、心力衰竭及肾脏病变等，例如抽搐、昏迷、心绞痛频繁发作、出冷汗、尿少等紧急情况。

二. 高血压的治疗措施

(1)急诊处理：当血压＞200/130mmHg时，应快速降压，可舌下含服心痛定10～20mg或肌肉注射速尿20mg，使血压降至160/90mmHg。注意休息，可适当服用镇静剂，如安定片2.5mg，每日三次口服。有条件的船舶可给予硝酸甘油10～25μg/min静点，密切观察血压。

(2)一般治疗：改善生活行为适用于所有高血压患者，包括使用降压药物治疗的患者。采取的方法有：①减轻体重；②减少钠盐摄入；③补充钙和钾盐；④减少脂肪摄入；⑤限制饮酒；⑥增加运动。

(3)降压药物治疗：目前常用降压药物可归纳为五大类，即利尿剂（吲达帕胺）、β-受体阻滞剂（倍他乐克）、钙通道阻滞剂（CCB）（尼群地平）、血管紧张素转换酶抑制剂（ACEI）（卡托普利）和血管紧张素Ⅱ受体阻滞剂（ARB）（氯沙坦），根据病情在医生指导下用药，观察血压变化。

(4)血压控制目标值：原则上应将血压降到患者能最大耐受的水平，目前一般主张血压控制目标值至少小于为140/90mmHg。糖尿病或慢性肾脏病合并高血压患者，血压控制目标值＜130/80mmHg。根据临床试验已获得的证据，老年收缩期性高血压的降压目标水平，收缩压（SBP）140～150mmHg，舒张压（DBP）＜90mmHg，但不低于65～70mmHg，舒张压降得过低可能抵消收缩压下降得到的益处。

三. 高血压的危险性

绝大多数高血压病人没有自觉症状，只在体检时发现。高血压的危险性在于突然血压升高的高血压急症以及长期高血压得不到控制直接造成的严重并发症，如心脏衰竭、冠心病、中风、肾衰竭等。未经诊治的高血压是无声的杀手。若血压达到或超过190/130mmHg，就是发生高血压急症的前兆。

思考题

1. 高血压病人的临床表现有哪些？
2. 简述高血压病人的治疗措施。

第七章　救生艇筏上常见疾病

第一节 晕　船

船舶航行或停泊时，因为涌浪引起船体颠簸，使人体前庭平衡器官受到异常刺激，从而产生眩晕和皮肤苍白、出冷汗、流涎、上腹不适，乃至恶心、呕吐等一系列植物神经反应的症状和体征，称之为晕船。

晕船是一种最常见的航海疾病，一般无生命危险，但是长期在海上航行，如晕船，不能正常进食，身体极为不适，仍要坚持工作，对船员的身心会造成很大的损伤。

要点

晕船的预防及处理措施

长期航海经历的老船员、渔民一般不易晕船，据报道大约90%的人经过锻炼可以提高抗晕船的能力，但是对晕船的适应能力的获得是暂时的，如长时间离船工作，再次上船时有的人仍会发生晕船。在陆地上可以采用一些器械进行锻炼，如秋千、浪桥、滚轮、单双杠等。

改善船舶条件，降低噪声与振动，加强通风，保持舱内空气新鲜，维持适宜的温度、湿度，有风浪时进食一些清淡易消化的食物，不要过饱或过饥，防止过分疲劳。

如发生了晕船则依患者晕船表现的轻重采取下列措施：

(1)将患者安排在安静、通风良好、运动刺激性小的场所。

(2)患者闭目仰卧或半卧位，头部抬高固定，并注意保暖。

(3)药物治疗：

①抗组胺药：口服茶苯海明（晕海宁）25~50mg，一日2~3次。

注意，青光眼、哮喘及前列腺肥大者慎用。此外，服用此药后禁止机械操作。

②止吐药：呕吐时，可用甲氧氯普胺（胃复安）10mg口服或肌注。用膏药贴肚脐也有一定抗晕船作用。

③镇静剂：情绪不稳者，口服安定2.5~10mg，也可肌注10mg，或用苯巴比妥。

必备知识

晕船的临床表现

依晕船表现的轻重，本病可分为轻型、中度型、重型三类。

(1)轻型：咽部不适，唾液分泌增加，吞咽动作频繁，上腹部有空虚感，似饥饿状，同时可出现头痛、眩晕、思睡、面色苍白、恶心等。

(2)中度型：头痛剧烈、厌食、恶心，呕吐反复发生，吐后自觉轻松，面色轻度潮红或苍白。

(3)重型：上述症状加重，感觉疲乏无力，胃内容物虽已吐空但持续作呕不止，个别的甚至呕吐出胆汁或血液，有脱水现象，面色苍白，四肢厥冷，体温常低于正常。

扩展知识

晕船的病因

晕船的病因目前尚无肯定的说法，可能与以下因素有关：

(1)前庭因素：经观察，丧失内耳前庭功能的聋哑人和前庭器官发育不全的婴儿，或者曾患化脓性迷路炎和迷路缺陷的人从不发生晕船。

(2)非前庭因素：包括视觉刺激，在航行时眼睛不断地看到起伏的波浪，由于视线不断变更容易发生晕船。

(3)精神因素：人在失眠、疲劳、心情不好的情况下容易发生晕船。还有的人发生多次晕船，以后一上船，即使船体未动，也会因条件反射地引起晕船。

(4)其他因素：对感觉器官的不良刺激，如呕吐物的气味、不合口味的食物，均可诱发晕船。此外乘船时的体位、过饱饮食也与晕船有关。

思考题

1．晕船可以分为哪几类？

2．从哪些方面对晕船进行防治？

第二节 冻　伤

寒冷引起的局部组织损伤称为冻伤。在寒冷季节和寒冷地区，船员因穿着不暖和、饮食不足或者在室外长时间工作又未能很好休息时，容易发生冻伤。冻伤在海难事故中也常有发生，是落水人员死亡的主要原因，当海水温度低于15℃时，若落水人员得不到救援，将在1～6h内死亡。

要点

冻伤的急救方法及治疗步骤

(1)复温，将冻伤部位浸泡在38～42℃的温水中5～7min，可迅速恢复局部血液循环，使皮肤颜色和感觉正常。

(2)然后用无菌盐水冲洗干净，再根据冻伤的程度做相应的处理。一、二度冻伤冲洗后可涂冻伤膏，较大的水疱可以用注射器吸出其中的渗出液，然后包扎；三、四度冻伤进行创面消毒、包扎、保暖，待坏死组织分界完全明确后，方可切除坏死组织，创面换药。

必备知识

冻伤的临床表现

局部冻伤主要是低温对局部的刺激引起血管强烈收缩造成的组织缺血。局部冻伤表现为皮肤苍白、冰冷、疼痛和麻木，复温后伤部表现与烧伤相似，按程度可以分为四度。

一度：皮肤浅层冻伤，局部皮肤从苍白变为斑状的蓝紫色，以后红肿、发痒、刺痛和感觉异常，约1周后症状消失，表皮逐渐脱落，不留瘢痕。

二度：皮肤全层冻伤，除红肿外，并且有大小不等的水疱，患处疼痛剧烈，对针刺及冷热觉均消失，若无感染，2～3周后水疱干枯结痂痊愈，一般也不留瘢痕。

三度：冻伤累及皮肤全层和皮下组织，皮肤由苍白逐渐变为蓝色，再变成黑色，感觉消失，坏死组织脱落有创面，易发生感染，愈合较慢留下瘢痕可能影响功能。

四度：皮肤、皮下组织、肌肉，甚至骨骼都被冻伤，伤部的感觉和运动功能完全消失，冻伤的边缘可出现水肿水疱，水疱内液为血性，此种冻伤往往留下伤残和功能障碍。

扩展知识

冻僵的处理措施

冻僵是寒冷环境引起体温过低而发生的以神经系统和心血管损害为主的严重的全身性疾病。

主要变化是血液循环和细胞代谢障碍。损害通常从四肢远端开始，逐渐波及躯干，体温逐渐下降，当血液温度降至27℃以下时，可能引起重要器官如神经系统的损伤，伤员感觉迟钝、四肢乏力、头晕，最后神志不清、知觉消失，呼吸循环衰竭。

具体处理措施如下：

迅速将患者移至暖处，搬动时要小心轻放、避免碰撞后引起骨折。脱去湿冷衣服，患者体温在32～33℃时，可使用毛毯或被褥裹好身体，使患者在温暖条件下逐渐自行复温，体温低于31℃时，应加用热风或者用44℃左右热水袋温暖全身，或将患者浸泡于40～42℃温水中，使其缓慢复温。此外还应注意对症治疗，补充营养。

思考题

1．冻伤病人的临床表现有哪些？
2．对冻伤病人如何进行急救？
3．简述冻僵的处理措施。

第三节 日　晒

日晒又称日光性皮炎。在救生艇筏上，人体暴露在炎热的阳光下，没有衣服遮蔽的皮肤将被阳光中的紫外线晒伤，引起皮肤急性红斑、水泡和脱皮等。

要点

处理方法

如皮肤已起泡发炎，可涂以石蜡油或者单柠酸油膏等外，还可用手头现有的材料轻轻包敷。切勿将水泡弄破。若水泡已破裂，则应撒以消炎粉或涂以单柠酸膏，而后用纱布轻轻包好，不要移动。

必备知识

预防措施

预防日晒的主要措施是穿着浅色的衣服或者用其他衣物、布帘等遮盖，即使是薄薄的一层也是好的。如无衣可穿也无物可遮，则应在赤露的肢体上涂以石蜡油或者单柠酸油膏等，干后再涂，以保护皮肤。

思考题

1. 日晒预防方法是什么？
2. 日晒处理措施是什么？

第四节 脱　水

救生艇筏在海上长时间漂浮，缺乏淡水、晕船引起呕吐和烈日曝晒下大量出汗等都容易引起脱水。

必备知识

脱水的处理措施

(1)人体脱水的最好处理方法是足量地饮水，并添加适量的食盐。饮水宜少量多次，一次大量地饮水会引起呕吐；

(2)神志不清的患者不能饮水，以免引起窒息；

(3)患者宜保持安静休息，以恢复体力。

思考题

简述脱水的处理措施。

第五节 饥　饿

海难时，救生艇筏上的人员经常因得不到足够的食物而引起饥饿。本节重点了解饥饿患者的进食程序。

要点

饥饿患者的进食程序

(1)饥饿者被救助后，开始应给予容易消化的流质饮食，例如牛奶或甜饮料等，少量多次食用，以免引起腹胀、呕吐和腹泻；

(2)随着病情的好转，体力逐渐恢复可改用半流质的有营养食物，再逐步过渡到普通的饮食；

(3)保持患者安静休息和保暖，辅以维生素B和维生素C等药物。

必备知识

饥饿的主要表现

饥饿主要表现为疲乏无力、头昏眼花、精神淡漠、反应迟钝、心率缓慢、怕冷和昏厥等症状；饥饿时间较长，还会有消瘦、浮肿、消化功能减退，抵抗力减弱等现象。

思考题

1．饥饿主要有哪些表现？
2．简述饥饿患者的进食程序。

第八章　急救箱和常用急救药品

第一节　急救箱的配置及使用注意事项

通常市场上出售的急救箱分内科急救箱、外科急救箱及保健箱等，所配备的用品和药物也有所不同。船上急救箱所包含的内容无统一规定，所配备的器械和药物可根据船舶大小、船员与乘客人数、航线、航区等作适当调整。

要 点

急救箱的使用注意事项：

(1)急救箱应放置在固定的地方，并有专人负责管理，使箱内物品保持在有效可使用状态。航前应进行检查，及时补充或更新，对有些药物要注意失效期及特殊的贮存方法；

(2)急救箱内物品的名称应书写清楚、排列整齐、位置固定、取用方便；

(3)将急救箱放在通风干燥的地方，避免遭受高温、日晒、水浸，要远离火源；

(4)使用前注意检查，若有变质、发霉、过期等情况，不可使用；

(5)建立药品账卡，定期检查，消耗登记，以便下航次以前及时补充；

(6)使用已消毒物品时，不可将手与消毒物品直接接触，使用器械前要进行消毒，注意药品的适用范围、剂量、用法和副作用，不可误用。

必备知识

急救箱的配置

1．器械

器械包括氧气瓶、听诊器、血压计、体温计、压舌板、开口器、大小止血钳、剪刀、镊子、手术刀柄及刀片、弯盘、持针器、缝针及缝线、胶皮止血带、手电筒、小夹板、针灸针、砂轮、开瓶器等（图8–1～图8–5），有条件的船舶还需配置CPR呼吸面罩、多功能颈托等器材。

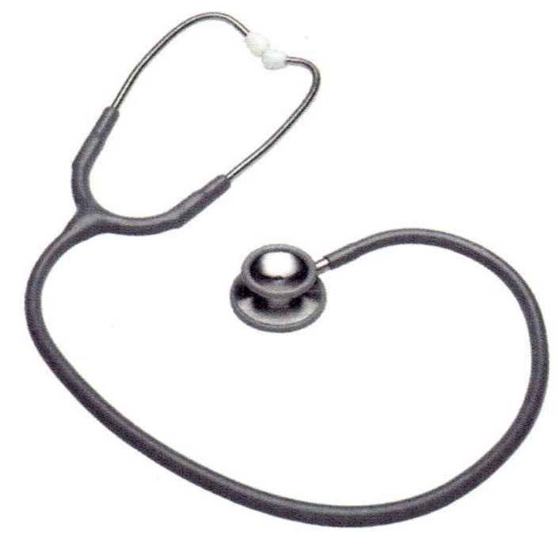

图8–1　听诊器

图8–2　弯盘

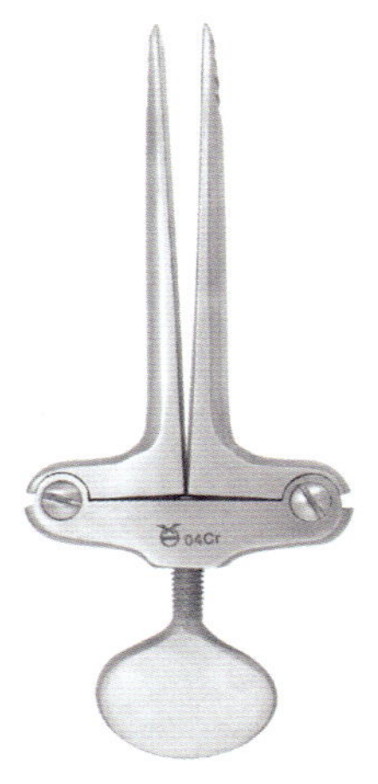

图8–3　丁字开口器

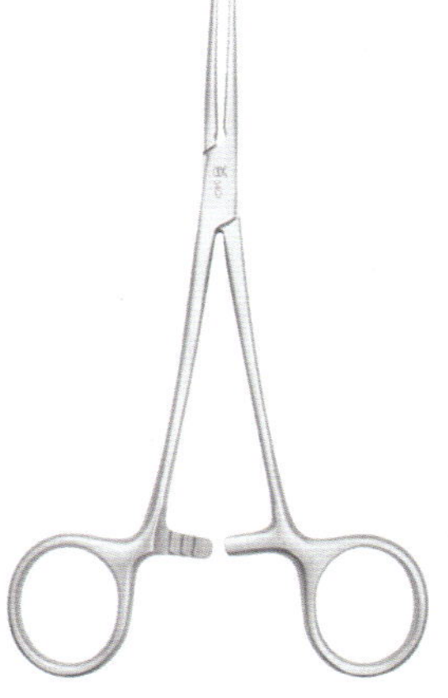

图8–4　止血钳

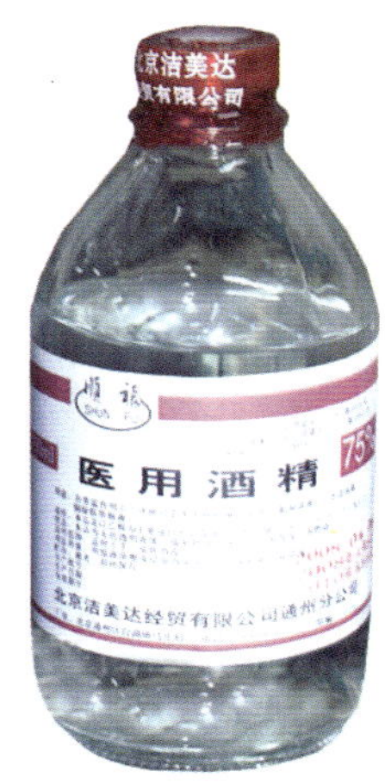

图8–5　医用酒精

2．耗材

耗材包括三角巾、绷带、吸氧管、一次性手套、一次性注射器（2ml、5ml、20ml）、一次性输液器、棉花、无菌棉球、无菌棉签、无菌纱布、胶布、无菌创可贴等。

3．药品

(1)针剂：包括肾上腺素、异丙肾上腺素、阿托品、可拉明、洛贝林、多巴胺、阿拉明（间羟胺）、西地兰、杜冷丁、安定、地塞米松、异丙嗪、利多卡因、心律平、硝普钠、速尿、氨茶碱、止血敏、654–2、50%葡萄糖溶液、5%葡萄糖溶液、0.9%氯化钠溶液、5%葡萄糖氯化钠溶液、20%甘露醇、5%碳酸氢钠注射液、10%氯化钾注射液等。

(2)口服药：包括硝酸甘油片、消心痛、速效救心丸、硝苯吡啶（心痛定）、阿斯匹林、晕海宁、十滴水、人丹、黄连素、口服补液盐Ⅱ等。

(3)外用药：包括碘酒、酒精、清凉油、风油精、0.9%生理盐水、消毒片等。

思考题

1．急救箱的配置有哪些？

2．急救箱的使用注意事项有哪些？

第二节　部分常用药品及抢救用药

船员大部分的时间都是在海上，难免会患上感冒、发烧、头痛、过敏或感染等疾病甚至遇到各种突发性伤害等，因此，掌握常用药品和急救药品的用法是非常重要的。

必备知识

一．解热镇痛药

(1)阿斯匹林

阿斯匹林主要用于治疗感冒、发热、头痛、关节痛等。口服每次0.3～0.6g，每日3次。

(2)复方阿斯匹林（解热止痛片，APC）

主要用于治疗感冒、发热、头痛等。每片含阿司匹林0.2268g，非那西丁0.162g，咖啡因0.035g，口服每次1～2片，一日3次。

(3)去痛片

有解热、镇痛、抗风湿作用，常用于牙痛、头痛、关节痛、神经痛、肌肉痛等。每片含氨基比林0.15g，非那西丁0.15g，咖啡因0.15g和苯巴比妥0.015g，口服每次1片，必要时加服1片。

(4)复方氨基比林

复方氨基比林主要用于治疗发热、头痛、关节痛、神经痛等。含氨基比林0.1g，安替比林0.04g，巴比妥0.018g，肌肉注射一次2ml，一日极量为10ml。

二．镇痛药

(1)盐酸吗啡

主要用于缓解剧痛、心脏性哮喘、脑水肿等。常用量为每次5～15mg皮下注射。对痛因不明者，不可随便使用。本药应由医生或船长保管。

(2)杜冷丁（哌替啶）

缓解剧痛的效果稍次于吗啡，常用量为每次50～100mg做肌肉或皮下注射。本药应由医生或船长保管。

三．镇静和抗惊厥药

(1)苯巴比妥

苯巴比妥又名鲁米那。本药小剂量起镇静作用，中剂量起催眠作用，大剂量则具有抗惊厥作用。镇静口服每次15～30mg，一日3次；催眠时，睡前口服30～100mg；抗惊厥时，肌肉注射0.1～0.2g，必要时4～6h后可重复使用。

(2)安定

用于精神紧张、焦虑不安、失眠或躁动，也可用于癫痫大发作或持续状态。口服每次2.5～5mg，一日3次；肌肉注射或者静脉注射每次5～10mg。

四．中枢兴奋剂

(1)尼可刹米（可拉明）

尼可刹米为呼吸兴奋剂，用于各种原因引起的急、慢性呼吸衰竭。每次0.25～0.5g，皮下、肌肉或静脉注射均可，极限用量为1.25g/次。

(2)山梗菜碱（洛贝林）

主要用于治疗呼吸衰竭，每次3～6mg，皮下、肌肉或静脉注射均可。

(3)回苏灵

主要用于呼吸衰竭，也用于安眠药中毒。每次8～24mg，加入到500ml 5%葡萄糖溶液中静脉滴注或8mg肌肉注射或静脉注射。

五．升压及抗休克药

(1)肾上腺素

主要用于淹溺、窒息、过敏等原因引起的心跳骤停，以0.25～1.0mg肾上腺素做皮下、静脉注射，高血压和动脉硬化患者慎用；用于治疗青霉素引起的过敏休克时，只能由医生使用或在医生指导下使用。

(2)异丙肾上腺素

主要用于心搏骤停、心源性休克、阿托品无效的缓慢型心律失常、阿一斯综合征、哮喘等，以1～2mg异丙肾上腺素加入250～500ml 5%葡萄糖溶液中静脉滴注，每分钟15～30滴，依心率、血压、尿量等调整滴速。也可用以0.5%溶液气雾吸入治疗哮喘。

(3)多巴胺

主要用于各种类型的休克及低血压、心衰、肾衰等，以20～100mg多巴胺加入250～500ml 5%葡萄糖溶液中静脉滴注，据病情和血压调整滴速。

(4)阿拉明

阿拉明又名间羟胺，用于心源性、过敏性、中毒性或外伤性休克，以20～100mg阿拉明加入250～500ml 5%葡萄糖溶液内静脉滴注，每分钟20～30滴，用量及滴速随血压情况而定。

六．降血压药

(1)利血平

治疗高血压，口服每次0.125～0.25mg，每日3次；肌注1mg，胃溃疡病者慎用。

(2)硝苯吡啶（心痛定）

急症应用时，舌下含服10mg；缓释片10～20mg，一日2次。

(3)卡托普利（开搏通）

口服每次12.5～25mg，每日2～3次；高血压危象时，可在密切观察下口含

12.5～25mg。

七．强心药

(1)地高辛

地高辛是目前临床上应用最为广泛的强心药，为中速类强心药，适用于急慢性心功能不全。每次0.125～0.25mg，一日2次，5～6日后改为一日1次。强心药的安全范围小，一般治疗量约为中毒量的1/2。

(2)西地兰

西地兰是一种快速类强心剂，适用于治疗急性心力衰竭并发肺水肿，对慢性心功能不全、室上性心动过速及快速型心房颤动者适用。以0.4～0.8mg西地兰加入20～40ml 50%葡萄糖溶液中静脉注射，据病情4～6小时后重复使用。

八．抗菌药物

(1)阿莫西林（羟氨苄青霉素）

主要用于治疗敏感菌所致的呼吸道、尿道和胆道感染。口服每次0.5～1.0g，每日3～4次。

(2)头孢氨苄（先锋霉素Ⅳ）

主要用于治疗敏感菌所致的呼吸道、尿道、皮肤和软组织、中耳炎、生殖器官、前列腺等部位的感染。口服每次0.25～0.5g，每日3～4次。

(3)庆大霉素

主要用于治疗各种细菌感染。每日16～24万单位静脉滴注；或一次8万单位分两次肌肉注射；也可口服，一次8万单位，每日3次。

(4)红霉素肠溶片：广谱抗菌素，主要用于上感、鼻窦炎、蜂窝组织炎、破伤风以及梅毒淋病。0.25/片，口服一次2片，一天4次,共8片。

(5)氟哌酸（诺氟沙星）

主要用于治疗敏感菌所致的泌尿道感染、呼吸道感染、肠道感染、前列腺炎和胆道感染及皮肤感染等。口服每次0.1～0.2g，每日3～4次，宜空腹服用。

(6)痢特灵

主要用于治疗细菌性痢疾及肠炎。每次口服0.1g，每日3～4次。

(7)盐酸小檗碱（黄连素）片（广谱抗菌素）

常用于肠道炎症。0.1g/片，每次口服0.1g，每日3～4次。

九．抗过敏药

(1)扑尔敏

主要用于治疗各种过敏性疾病、虫咬、药物过敏等。口服4mg，一日3次。

(2)赛庚啶

主要用于治疗荨麻疹、皮肤瘙痒、过敏性鼻炎等。口服2mg，一日3次。

(3)苯海拉明

主要用于治疗过敏性疾病，也可用于治疗晕车、晕船引起的恶心、呕吐。肌肉注射一次20mg，一日1～2次。口服一次25～50mg，一日1～2次，饭后服。

(4)异丙嗪（非那更）

主要用于治疗荨麻疹、哮喘等，一般25mg肌肉注射。

十．抗心绞痛药

(1)硝酸甘油片

主要用于心绞痛，也用于胆绞痛、肾绞痛。舌下含服0.5～1.0mg，2min奏效，可以缓解绞痛30min左右。

(2)消心痛

主要用于心绞痛和急慢性左心衰。5～10mg舌下含服或5～10mg口服，每日3次。

(3)速效救心丸

主要用于心绞痛和胸闷。急性发作时，每次10～15粒含服，或4～6粒一日3次口服。

十一．止血药

(1)安络血

主要用于治疗一般外伤造成的毛细血管破裂而引起的各种出血和其他出血，口服每次5mg，每日3次，或肌肉注射每次5～10mg，每日2次。

(2)止血敏

主要用于治疗各种出血，每次0.5～1.0g肌肉注射或静脉注射。严重出血病例可剂量应用，每日4g，加入250～500ml 5%葡萄糖溶液或生理盐水中静脉滴注。

(3)云南白药

主要用于治疗各种跌打损伤的出血。出血者用开水调服，淤血肿痛未出血者，用酒调服。每次0.2～0.3mg，每4小时服1次，亦可同时进行外敷。

十二．止喘药

(1)氨茶碱

主要用于治疗支气管哮喘，也可用于治疗心绞痛、心源性肺水肿。口服每次0.1g，每日3次。也可用0.25g氨茶碱加入20ml 50%葡萄糖溶液中静脉注射或加入250ml 5%葡萄糖溶液中静脉滴注。

(2)喘定

主要用途与氨茶碱相似，口服每次0.1～0.2g，每日3次，或用0.5g肌肉注射，每日1次。

(3)沙丁胺醇（羟甲叔丁肾上腺素，舒喘宁）

一般在口服15min或气雾吸入5min后即可起效。口服2～4mg/次，一日3次。雾化吸入0.1～0.2mg/次，每日3～4次。

十三．解痉药

(1)硫酸阿托品

硫酸阿托品能解除平滑肌痉挛，抑制腺体分泌，治疗胃、肠、胆、肾等绞痛，以

及有机磷中毒、心动过缓、早期感染性休克等。口服每次0.3～0.6mg，每日3次；皮下、肌肉或静脉注射每次0.5～1.0mg；对有机磷中毒，每次5～10mg静脉注射，每5～20min一次。

(2)654–2（山莨菪碱）

作用与阿托品相似，治疗胃、肠、胆绞痛，中毒性休克，眩晕等。口服每次5～10mg，每日1～3次；肌肉或静脉注射5～10mg，一日1～2次。

十四．**防暑成药**

(1)十滴水

用作治疗中暑引起的头晕、恶心、胸闷、腹痛、胃肠不适等。每瓶5ml，成人服半瓶至一瓶。

(2)人丹

用作治疗中暑、晕车、晕船等。每次服5～10粒。

(3)风油精

夏季常用防暑药。涂擦于太阳穴等部位，可解头痛；蚊叮虫咬时也可涂擦。

(4)清凉油

夏季常用防暑药，用法同风油精。

十五．**外用药**

(1)碘酒

碘酒常用于一般皮肤感染的消毒，浓度为2%～3.5%。本品对皮肤有较强的刺激性，用后须用酒精洗净。新生儿慎用，不宜用于粘膜消毒，也不能与红药水同用。

(2)酒精

75%酒精用于皮肤及器械消毒。

(3)碘伏

可用于皮肤、粘膜或创面消毒。目前临床应用广泛，但是要注意避光密闭于阴凉处保存。

(4)双氧水

常用于清洗创面，防治感染，并有杀菌、防腐、除臭及收敛作用。

(5)鱼石脂

鱼石脂为温和刺激的消毒防腐药，有抑菌、消炎、消肿和轻度镇痛作用。鱼石脂软膏可治疗皮肤疮疖、丹毒、皮炎等。

(6)生理盐水

外用，主要用于清洗创口。

(7)冻疮膏

用于治疗冻疮。

(8)创可贴

用于小伤口包扎。

(9)外用软膏

外用软膏包括无极膏、绿药膏、皮炎平、达克宁、红霉素软膏等。

十六．常用输液剂

(1)葡萄糖注射液

葡萄糖注射液能够补充体液及热量，用于失水、休克和酸碱中毒等。常用5%、10%葡萄糖注射液静脉滴注，5%葡萄糖注射液为等渗溶液。

(2)生理盐水

用作补充体液和电解质之用。浓度为0.9%，补给量依病人脱水情况而定。

(3)葡萄糖氯化钠注射液

用作补充人体所需的水、葡萄糖、钠和氯等。由5%葡萄糖注射液和0.9%氯化钠组成。

(4)右旋糖酐—40氯化钠注射液（血容量扩充剂）

用于各种失血、脱水、创伤和烧伤、感染等引起的休克。是替代血浆的一种较理想的液体。每天可静脉滴入250～500ml。

(5)甘露醇

治疗颅脑外伤、脑水肿或者急性肾功能衰竭时，每次用20%甘露醇250ml静脉注射或快速滴注。

(6)5%碳酸氢钠、11.2%乳酸钠

两种药都用于治疗代谢性酸中毒及高血钾症，静脉滴注，用量视病情而定。

(7)口服补液盐Ⅱ：

调节水盐、电解质和酸碱平衡药，轻中度脱水或严重腹泻时应用。用温开水溶解后口服，2500～3000ml/日，分多次饮用。

思考题

1．常用的急救药品有哪些？

2．试述常用急救药品的用法。

3．常用的输液剂有哪些？

第三节 嗜酒和滥用药物的危害

一．嗜酒的危害

船员饮酒过量，容易造成急性酒精中毒事件的发生。酒精中的乙醇具有脂溶性，可迅速透过大脑神经细胞膜而作用于中枢神经系统，小剂量出现兴奋作用，随着乙醇浓度的增高，可作用于小脑，引起共济失调，极高浓度乙醇将抑制延髓中枢，引起呼吸、循环功能衰竭，严重者可导致死亡。

二．滥用药物的危害

(1)药物滥用者身心健康遭受摧残

药物滥用者必然出现所用药的各类毒性作用。如阿片滥用者常用便秘、恶心、呕吐，甚至有呼吸困难等不良反应；而苯丙胺的长期滥用，导致慢性中毒性精神病的发生。一旦药物滥用产生生理依赖性，停药后即出现严重戒断综合征，使药物滥用者处于极大痛苦与恐怖之中。药物滥用者智力减退，判断力下降，工作效率降低，责任感丧失，身心健康受到严重摧残。

(2)滥用药物过量常致中毒死亡

药物滥用者急性中毒死亡率甚高。造成急性中毒的原因有三：一是吸毒者从非法途径所获的毒品质量差异甚大，实际用量无法掌握，易致过量吸食，造成急性中毒；二是滥用者经过一段时间停药，若再度使用原剂量，因耐受性降低，而产生急性中毒；三是药物滥用者常因精神过度抑郁，蓄意自杀。

(3)降低身体免疫力并发各种感染

药物滥用者免疫功能降低，抵抗力下降，极易并发各种病毒或细菌感染性疾病，如急性或慢性传染性肝炎，局部脓肿，败血症及心内膜炎等，尤易并发结核病和艾滋病。吸毒者通过共用污染的注射器，经静脉注射方式滥用药物，成为艾滋病传播的重要途径之一。

(4)药物滥用促发犯罪行为

药物滥用者，惯用诈骗、抢劫等犯罪手段获取钱财或毒品。不法分子为进行贩运和走私毒品，往往结成犯罪团伙，进行非法活动，严重危害社会治安。此外，部分药物依赖患者常因意识恍惚、丧失警觉、失去机械操作敏捷性，导致航海事故的发生，造成过失性犯罪。

思考题

1．嗜酒的危害有哪些？

2．滥用药物的危害有哪些？

附录　基本急救实操训练

训练项目一　心肺复苏术

【训练目的】

(1)熟悉人工呼吸的各种方法；

(2)熟练掌握口对口人工呼吸法及胸外心脏按压法。

【训练要求】

(1)每2～4名学员为一组，互相操作，并一边讨论一边记忆；

(2)严格遵守操作规程和老师讲解的注意事项；

(3)胸外心脏按压时应遵循正确的操作方法，严禁嬉笑打闹，按压力量要适度，切勿用力过猛，以免引起肋骨骨折。

(4)广泛肋骨骨折、心包填塞、心脏外伤、张力性气胸等不可做胸外心脏按压。

【训练器材】

教学人体模具、消毒纱布。

【训练内容】

训练时，教练员首先应详细介绍心肺复苏术的基本知识，然后对照实物进行示范操作。

【训练步骤】

心肺复苏术的主要措施包括：胸外心脏按压、开通气道和人工呼吸，简称为CAB（Circulation，Airway，Breathing）。

一．评估现场 准备抢救

1．确保现场环境安全，抢救者平伸两臂，双目上下左右环视评估现场是否安全以及是否适合抢救。若无异则报告：“现场环境安全！”

2．双膝跪地，一条腿膝盖对准病人肩头，另一条对准病人肚脐两腿分开。

二．判断意识

拍双肩两遍呼喊（附图1）：“喂，你怎么了？喂，你醒醒！”

动作要领：轻拍重喊，不要过分摇晃病人头部和身体，必要时掐人中或作压眶检查。

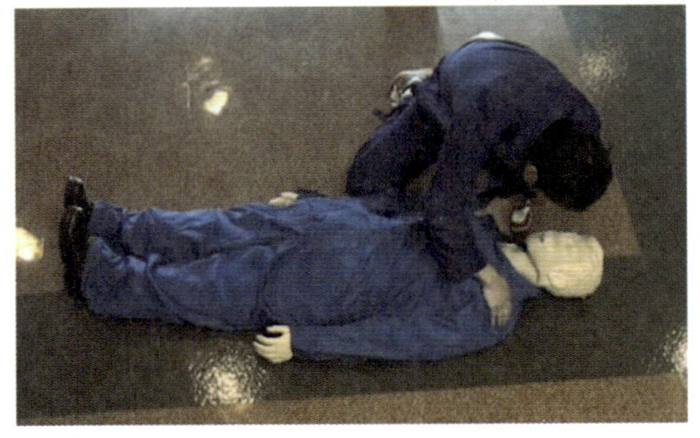

附图　1

若病人无反应无痛感往往表示心搏骤停。

三．启动现场急救程序

1．大声呼救，如：“快来人啊！这里有人晕倒啦！”使附近其他人前来协助抢救（附图2）。

2．拨打“120”等急救电话——可以由其他人（在船上应及时通知驾驶台及船长寻求帮助）操作。

四．摆正病人CPR体位——平卧位

病人仰面平躺在坚实的地面上，头部不得高于胸部。后背不要置于沙发、席梦思等软的物体上面，这样会影响胸外按压的效果。如果病人躺在软床上，应移至地面或在其背部垫上与床同宽度的硬板（附图3）。

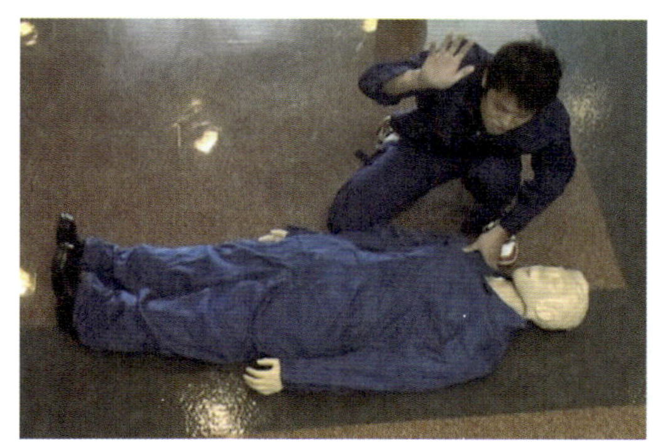

附图 2

附图 3

五．检查颈动脉搏动，判断有无心跳

1．颈动脉触摸5～10秒（附图4）。

2．操作步骤：左手小鱼际下压病人前额，姿势保持不变。同时右手食、中指沿病人下颌骨滑至喉结处向内旁开1～2cm触摸病人颈动脉，也可以同时观察病人呼吸情况。

六．胸外心脏按压术

胸外心脏按压配合人工呼吸可为心脏和脑等重要器官提供一定含氧量的血流，为进一步复苏创造条件。具体操作步骤如下：

1．暴露胸部

2．快速有力的胸外心脏按压（附图5）

a.着力点定位：①病人两乳连线与胸骨柄交界点即胸骨中下1/3处。②抢救者用靠病人腿部一侧手（即抢救者位于病人右侧用右手，位于左侧用左手）的中指和食指顺肋缘向上滑动到剑突下，这时食指和中指与胸骨长轴垂直，食指上方胸骨的正中区即为按压区，由此确定按压时左手掌根的位置。

b.按压要点：双手掌根重叠，左手在下，两手贴合，手指交扣上翘，手掌根部横轴与胸骨长轴确保方向一致。双肩前倾在患者胸部正上方，腰挺直，两臂伸直，以髋

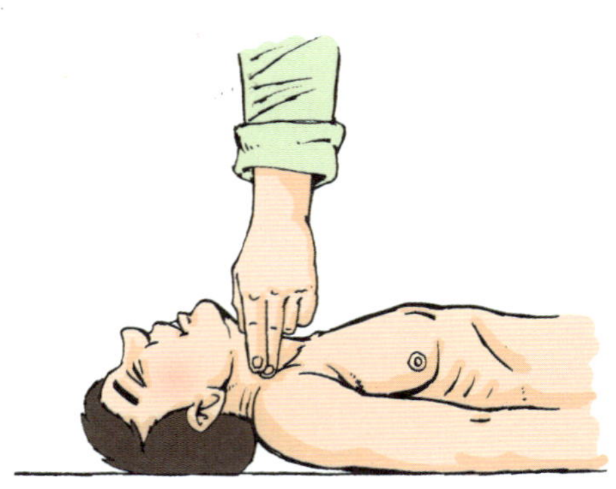

附图 4

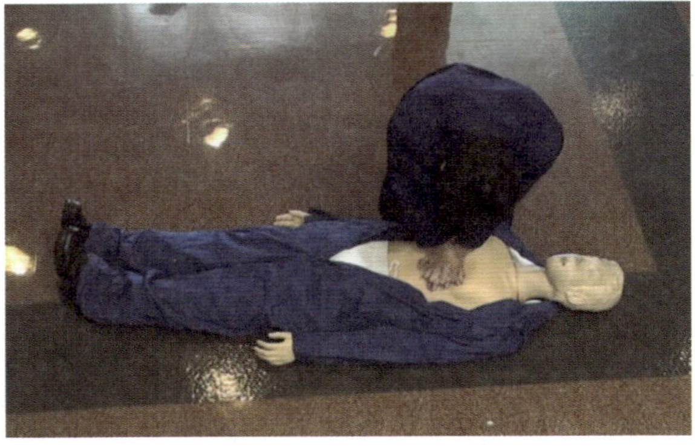

附图 5

关节为支点，用整个上半身的重量垂直下压。使胸骨下陷≥5cm，随后放松。按压和放松的时间大致相等，放松时双手不要离开胸壁，连续30次。按压时最好数双数，如01，02，03，…，按压频率至少100次/分钟。

c.抢救者同时两眼注视病人脸色情况。

七．开放气道

1．压额提颏法：将一只手的小鱼际压住病人的前额，另一只手的食、中指放在病人下颌中点偏内1～2cm处使下颌骨上抬与地面呈90度直角，这样可使其舌根拉起气道开放并保持此状态直至抢救结束。

2．仰头抬颈法：病人仰卧，抢救者一手抬起病人颈部，另一手以小鱼际侧下压患者前额，使其头后仰，气道开放。

3．双手抬颌法：病人平卧，抢救者用双手从两侧抓紧病人的双下颌并托起，使头后仰，下颌骨前移，即可打开气道。此法适用于颈部有外伤或者颈椎损伤时的抢救。注意，颈部有外伤者只能采用双手抬颌法开放气道，不宜采用压额提颏法和仰头抬颈法，以避免进一步加重脊髓损伤。

八．判断呼吸

抢救者俯身侧耳通过“一看二听三感觉”了解病人有无呼吸，5～10秒完成。注意保持病人下颌上抬开放气道的姿势（附图6）。

2010年国际心肺复苏指南对判断呼吸不作要求，可以只判断心跳，也可以判断心跳和呼吸同时进行。

九．人工呼吸

人工呼吸法中，最简便、有效的方法是口对口呼吸法，但在抢救吞服剧毒物患者时不适用此法。注意口腔内如有异物或有呕吐物，应立即将其清除，但不可占用过多时间（附图7）。

1．保持病人开放气道（开放气道要迅速完成，而且在心肺复苏全过程中，自始至终要保持气道通畅）。开放气道后，应立即给予人工呼吸2次。抢救者用置于病人前

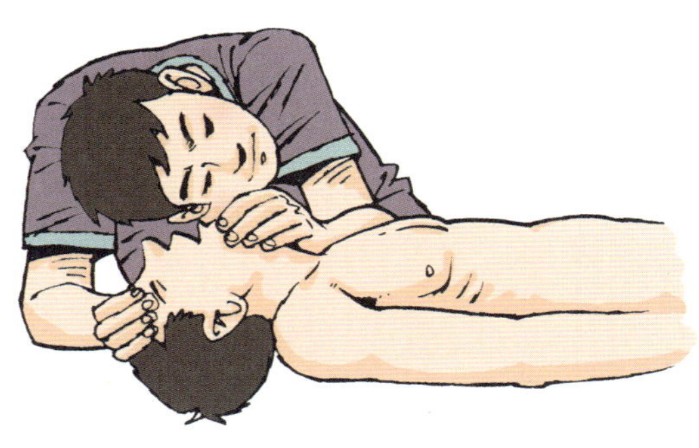
附图 6

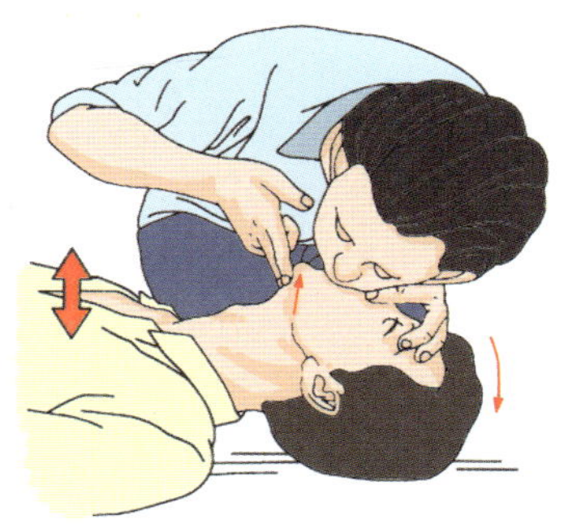
附图 7

额一手的拇指与食指捏住患者鼻孔，另一手食指与中指抬起下颌使头部后仰以打开气道。张口罩紧病人口唇连续缓慢吹气两口，每次约2秒，吹气量为400～600ml。吹气时头转向前，用眼角注视患者病人的胸廓，以看到病人胸廓膨起为有效。吹气后，放开鼻孔待病人呼气，同时抢救者注视病人的胸廓，并吸气，准备下一次吹气。待胸廓下降后吹第二口气。频率为每分钟10～12次。

2．如有简易呼吸器：操作者一手拇、食指作C形状压紧呼吸面罩于病人口鼻处，另三指拉抬其下颌骨使病人处于气道开放位置。

心肺复苏的协调：

无论一人还是两人进行心肺复苏时，均应每30次胸外按压后给予2次吹气，按压和通气比例保持为30：2（附图8）。

复苏后体位（侧卧位）：

伤病员经抢救后有自主呼吸及心跳但仍处于昏迷状态时，应将伤病员放置于侧卧的体位。或头部旁偏，同时穿好衣服盖上被毯注意保暖（附图9）。

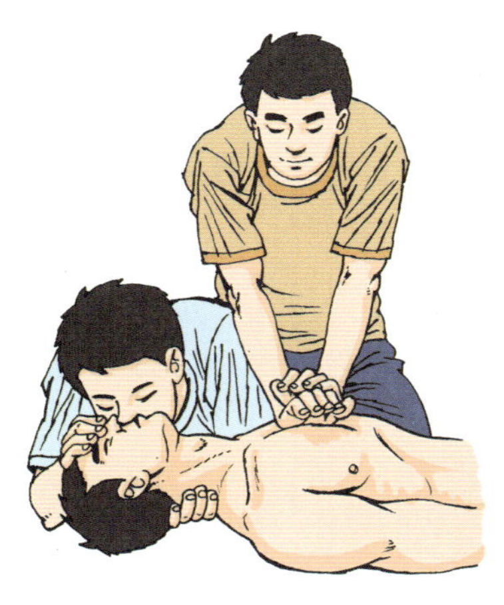
附图 8

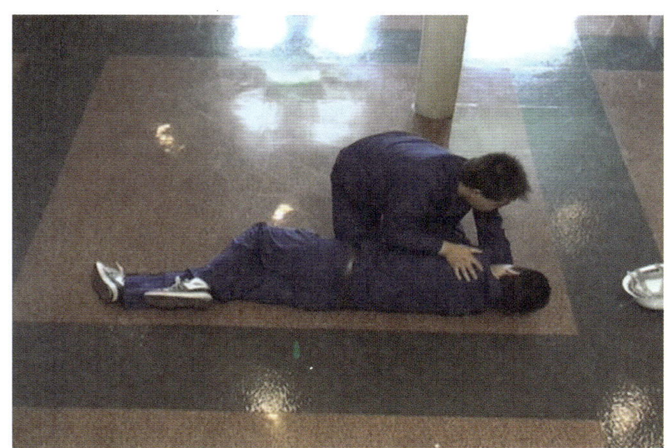
附图 9

注意事项：

1．抢救要及时；动作要规范，心肺复苏术要持续进行。

2．目前国际上通用一个周期为5个循环（约2分钟），每个循环包括胸外心脏按压30次和2次人工呼吸。

3．一个周期后可停下来判断病人是否恢复自主呼吸和心跳，若没有恢复则继续进行抢救。进行复苏效果判断要求迅速，时间5～10秒。

附：心肺复苏术效果评估

1．心肺复苏术有效指征

(1)昏迷程度变浅，出现各种反射。

(2)出现无意识挣扎动作、呻吟等。

(3)自主呼吸逐渐恢复。

(4)触摸到规律的颈动脉搏动。

(5)面色转红润。

(6)双侧瞳孔缩小，对光反射恢复。

2．终止心肺复苏术的条件

(1)自主呼吸和心跳已有效恢复或有其他专业人员接替抢救。

(2)开始进行CPR前，能确定心跳停止达15分钟以上者。

(3)进行标准基础生命支持和高级生命支持，心脏持续无任何反应达30分钟以上或虽进行基础生命支持抢救，不能达到有效。

(4)救护者因疲惫，周围的环境危险，持续复苏可造成其他人员危险而不得不终止。

【扩展知识】

一．心前区拳击

胸外按压前，可先尝试拳击复律。方法是：从20～25cm高度向胸骨的中下1/3交界处拳击1～2次，部分患者可瞬间复律。若患者不能恢复脉搏和呼吸，不应继续拳击。应立即改为胸外心脏按压（附图10）。

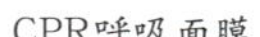

CPR呼吸面膜

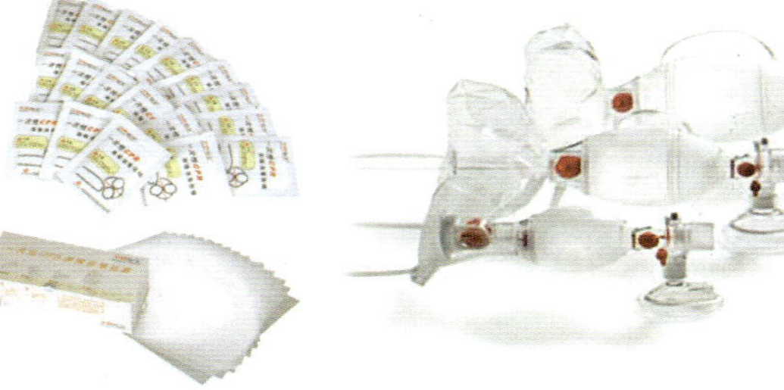

一次性呼吸器

附图　10

二．胸外心脏按压

胸外心脏按压时应遵循正确的操作方法，避免并发症的发生。按压时位置要正确，力量要适度，按压频率为≥100次/分钟。使胸骨向脊柱方向下陷≥5cm，然后放松，使胸骨完全复位。切勿用力过猛，以免引起肋骨骨折。胸外心脏按压的主要并发症包括：肋骨骨折、心包积血或心脏压塞、气胸、血胸、肺挫伤、肝脾撕裂和脂肪栓塞。胸外按压的禁忌症主要有：广泛肋骨骨折、心包填塞、心脏外伤、张力性气胸等。

三．人工呼吸

(1)判断准确，快速进行。因脑部缺氧超过3min，大脑皮质即可破坏致死，难以康复。

(2)保持呼吸道通畅。先尽可能地将病员置于空气流通处，然后松开衣领和裤带，包括清除口鼻内异物，以免堵塞气道。

(3)做口对口人工呼吸时吹气不宜过猛，吹气的时间占呼吸周期的1/3，每次吹气时间应持续2s，每分钟10～12次。同时要观察病员胸廓有无起伏，较明显隆起时为吹气合适。

(4)服剧毒药物以及口鼻部严重外伤者不能做口对口或口对鼻人工呼吸，胸背部损伤明显者，不做仰卧压胸、俯卧压背及举臂压胸法人工呼吸。

四．人工呼吸的方式

开放气道后，将耳朵贴近病人的口鼻附近，感觉有无呼气气流的吹拂感，同时观察病人的胸部和腹部有无起伏动作，并且仔细听有无气流呼出的声音。若无上述体征，可确定无呼吸，应立即实施人工通气。判断及评价时间不应超过10s（最好控制在5s内）。

(1)口对口人工呼吸法

人工呼吸法中，最简便、有效的方法是口对口呼吸法，施救者呼出气体中的氧气足以满足病人的需求。正常人呼吸的气体中，氧占15.5%，二氧化碳为4%左右，当操作者深吸气后再进行口对口呼吸时，呼出的气体中氧含量可达18%，二氧化碳降为2%，可维持生命的基本需要。

(2)口对鼻人工呼吸法

当病人口腔严重外伤、牙关紧闭不宜做口对口人工呼吸时，可采用口对鼻人工呼吸法。该法的操作与口对口呼吸法相似，只是吹气时应关闭口腔，病人呼气时应开放其口腔，如图附图11所示。

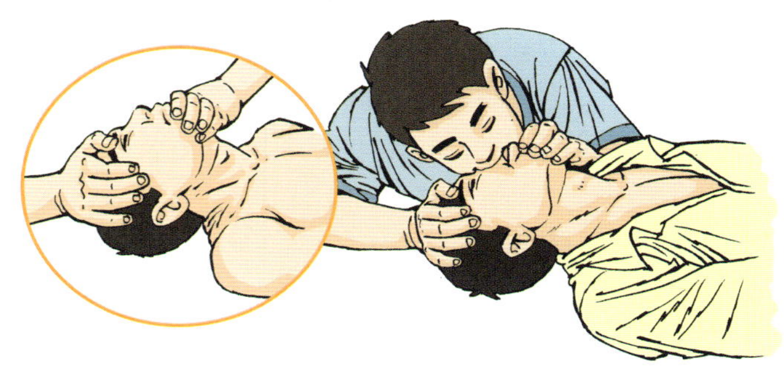

附图 11

(3)举臂压胸法

举臂压胸法的效果仅次于口对口人工呼吸法。而且，这种方法特别适用于服毒的病人，如附图12所示。

具体操作方法如下：

使病人仰卧，在肩下垫一枕头或较软的衣物，头偏向一侧，急救者跪于病人头前，双手分别握住病人两前臂近肘部，将上臂拉直过头，此时病人胸部被动扩张使空气吸入；然后再屈两臂，将肘部放回下半部，并压迫其前侧两肋弓，使胸部缩小，空气呼出，如此反复进行，10～12次/min。

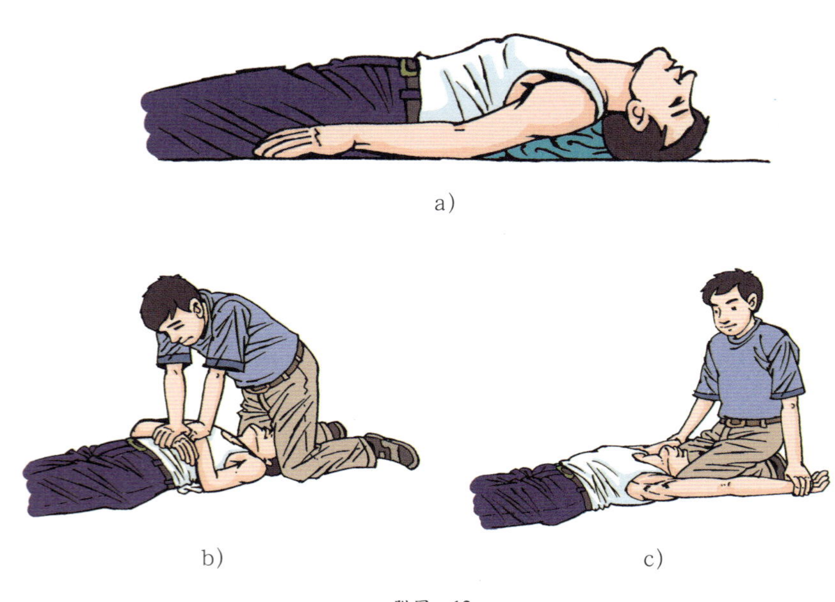

a)

b)

c)

附图 12

(4)仰卧压胸法

病人仰卧，腰背部垫枕使胸部抬高，上肢放在身体的两侧，头转向一侧。急救者跪跨在病人大腿两侧，用两手掌贴在病人两侧下胸部，拇指向内，其余四指向外，向胸部上后方压迫，将空气压出肺脏，然后放松，使胸廓自行弹回而吸入空气。如此有节律地按压，10～12次/min，注意推压时不要用力过猛，防止造成肋骨骨折，如附图13所示。

(5)俯卧压背法

使病人仰卧位，腹下垫枕，头向下略低，面部转向一侧，以防口鼻触地，一臂弯曲垫在头下，另一臂伸直，急救者跪跨在病人大腿两侧，将手在病人背部的两侧下方，相当于肩胛下角下方，向下用力压迫与放松，以身体重量向下压迫然后挺身松

手，以解除压力，使胸部自行弹回如此反复进行，10～12次/min。此法对抢救淹溺者较为适宜，可使水向外流出，舌也不致阻塞咽喉。如附图14所示。

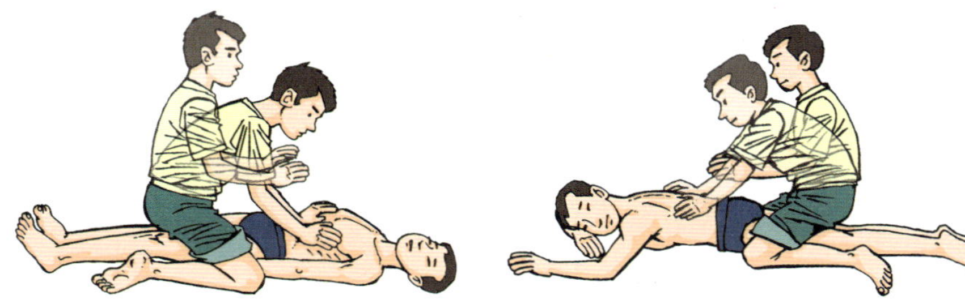

附图13　仰卧压胸法　　附图14　俯卧压背法

五．**胸外心脏按压**

胸外心脏按压是用人为的力量挤压胸部，使心脏内的血液排入主、肺动脉，当放松时胸骨恢复原来位置，使胸腔内负压增加产生抽吸作用，有助于静脉血回流入心脏，如此反复有节奏地按压，可以改善全身血流量以维持有效的血循环，有利于维持重要脏器的血液灌注。

(1)判断心脏有无跳动

根据大血管（如颈动脉）的脉搏来判断心脏有无跳动，10s内完成此项检查。急救者一只手仍放在病人额部保持气道通畅，另一只手的食指和中指放在颈前甲状软骨外侧，滑向气管和胸锁乳突肌之间，触摸颈动脉搏动，如附图15所示。若脉搏存在，呼吸停止，则应该开放气道并且继续人工呼吸；若脉搏消失，则人工呼吸和胸外心脏按压同时进行。

(2)胸外心脏按压的体位

人工胸外心脏按压时，病人应置于仰卧水平位，头部不应高于心脏水平，否则重力将影响脑血流；下肢可以抬高，以促进静脉血回流。在床上进行按压时，病人背部应垫一块与床同宽的硬板，或让病人平躺在硬质地面上。急救者的姿势如附图16所示。

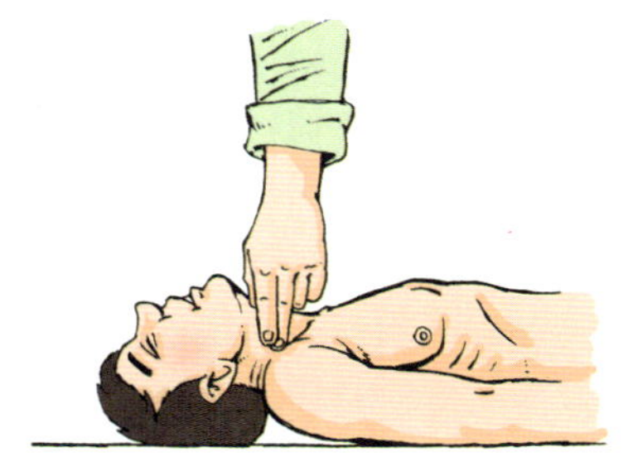

附图15　颈动脉脉搏

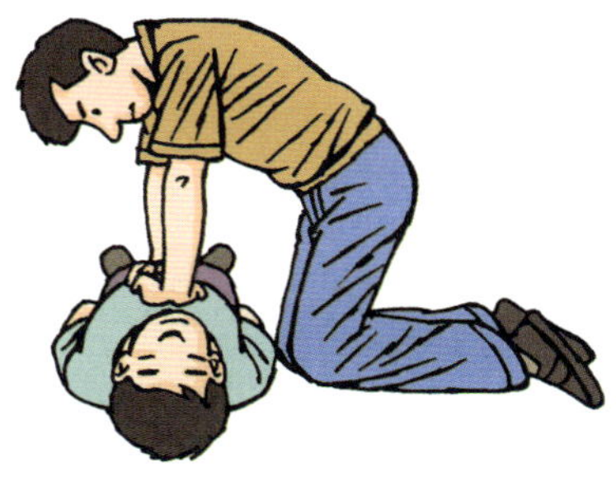

附图16　救护人员姿势

(3)胸外心脏按压时手的位置

胸外心脏按压的正确部位是胸骨的中下1/3交界处。急救者用靠病人腿部一侧手（即急救者位于病人右侧用右手，位于左侧用左手）的中指和食指顺肋缘向上滑动到剑突下，这时食指和中指与胸骨长轴垂直，食指上方胸骨的正中区即为按压区，以此确定按压时手的位置，如附图17所示。

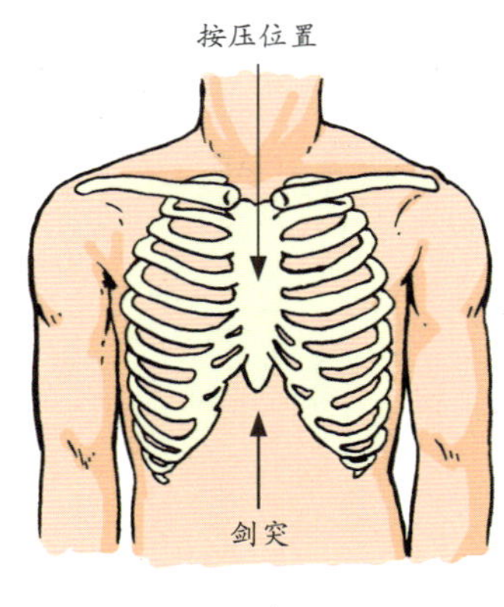

a)

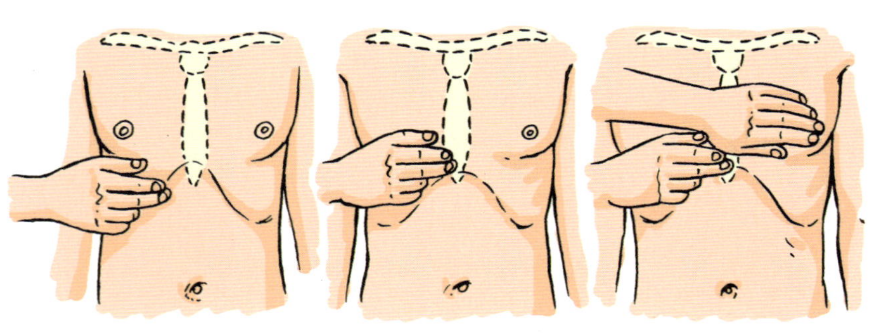

b)

附图17　胸外心脏按压时手的位置

a）胸外心脏按压部位在胸骨的中下1/3；b）胸外心脏按压时手的位置

(4)按压方法

用一只手的掌根部置于胸骨的下半部，另一手掌重叠放在这只手背上，手掌根部横轴与胸骨长轴确保方向一致，双手的手指交锁或平行重叠，手指翘起，不能压在胸壁上。按压时，肘关节伸直，依靠肩部和背部的力量垂直向下按压，切忌左右摆动，使胸骨向脊柱方向下陷≥5cm，随后突然放松，按压和放松的时间大致相等，如附图18所示。放松时，双手不要离开胸壁，按压频率≥100次/分钟。

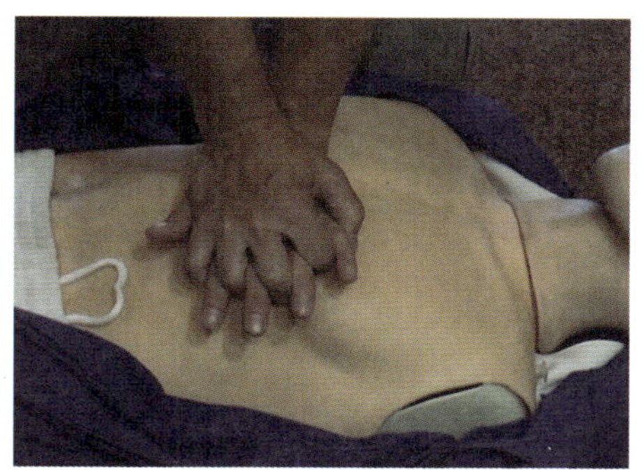

附图18　胸外心脏按压法

六．进行人工呼吸时的注意事项

(1)判断准确，快速进行。因脑部缺氧超过3min，大脑皮质即可破坏致死，难以康复。判断病员是否有呼吸的方法很简单：把手放在病员的鼻孔下感觉是否有气体从口鼻出来；看病员的胸腹部是否有起伏运动。

(2)保持呼吸道通畅。先尽可能地将病员置于空气流通处，松开衣领和裤带，清除口鼻内异物，若有假牙需取出，若舌头堵塞气道，则用纱布或布片包住后把它拉开。

(3)做口对口人工呼吸时吹气不宜过猛，吹气的时间占呼吸周期的1/3，每次吹气时间应持续1s以上，同时要观察病员胸廓起伏运动，轻轻隆起时为吹气合适。

(4)服剧毒药物以及口鼻部严重外伤者不能做口对口或口对鼻人工呼吸。

训练项目二　外伤止血和处理

【训练目的】

(1)熟悉外伤止血的部位；

(2)熟练掌握外伤止血和处理的方法。

【训练要求】

(1)每2～4名学员为一组，互相操作，并一边讨论一边记忆；

(2)严格遵守操作规程和老师讲解的注意事项；

(3)训练过程中所有学员应严肃认真，且无条件服从教练员指挥。

【训练器材】

止血带、橡皮管、（三角巾、布带）等。

【训练内容】

训练时，教练员首先应详细介绍外伤止血和处理的基本知识，然后具体讲解各部位止血和处理的方法。

【训练步骤】

1．指压动脉止血法

指压动脉止血法是现场急救最简捷的临时止血措施。但因操作时较费力，难以持久，一般用于现场应急止血，继而改用其他止血法。

如附图19所示，1～11分别为面部动脉，锁骨下动脉，上臂动脉，桡骨、尺骨动脉，髂骨动脉，前后胫骨动脉，颞浅动脉，颈总动脉，肱动脉，股动脉，腘动脉。

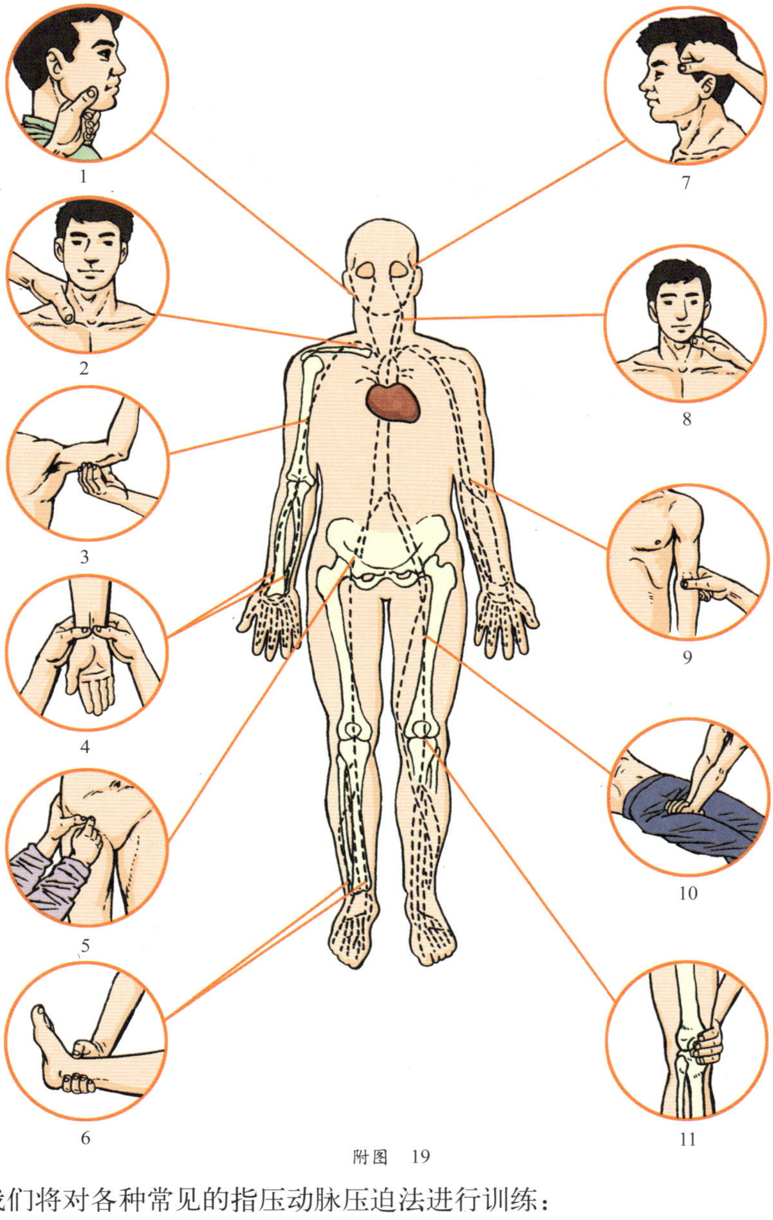

附图 19

下面我们将对各种常见的指压动脉压迫法进行训练：

(1)面部动脉止血法

用于同侧面部的止血。急救者一手固定伤员的头部，另一手的食指或拇指在伤侧

的下颌角前1.5～3cm的凹陷处可触及有一动脉搏动，压迫此点可止血。

(2)锁骨下动脉止血法

肩部、腋窝部、上肢的动脉出血时，用拇指在伤侧的锁骨的上窝中部摸到锁骨下动脉搏动点后，将拇指向下内后方对向第一肋骨压迫即可止血。

(3)桡骨、尺骨动脉止血法

用于手部小动脉出血的临时止血，用双手拇指压迫患侧的手腕横纹下方2～3cm的两侧动脉跳动处，即可达到止血的目的。

(4)足背动脉、胫后动脉指压止血法

此法用于足部动脉出血的临时止血，足背中部有一动脉搏动处，足内侧与内踝之间也存在一动脉搏动处，用双手拇指将两个动脉同时压住即可止血。

(5)颞浅动脉止血法

用于同侧的头顶部出血。部位在该侧的耳前，有一个动脉搏动处，压迫此点使血管闭合而止血。

(6)颈总动脉止血法

用于该侧的头、面部的较大出血。该侧的胸锁乳突肌和气管之间有一较强搏动处，用拇指或其他4个手指，将颈总动脉压在该侧的颈椎横突上即可止血。压迫颈总动脉时，容易引起病人昏厥，所以一般不宜使用，更不能两侧同时使用。

(7)肱动脉止血

用于手、前臂的临时止血，一手将伤侧的前臂提起，使伤侧的前臂与肩平行，在肱二头肌内侧有止血点，用拇指或其他四指向肱骨干压迫肱动脉。

(8)股动脉止血法

用于下肢动脉出血的临时止血。在伤侧的大腿上端腹股沟中间稍下方的搏动处，用两手的拇指或手掌，重叠压迫该处，将伤侧的股动脉用力压在耻骨上即可止血。

2．止血带止血法

止血带止血法主要用于用其他止血方法暂不能控制的四肢动脉出血。经常适用于以下两种情形：①用于腘动脉和肱动脉引起的大出血；②股动脉不能用加压包扎止血时，应立即使用止血带。

(1)常用止血带种类

橡皮管止血带和气囊止血带。

(2)使用止血带的部位

①扎止血带的部位应尽可能地接近伤口，上臂大出血扎在上臂的上1/3处，前臂或手外伤大出血应扎在上臂的下1/3处，上臂中下1/3处有桡神经紧贴骨面，不宜扎止血带以免损伤桡神经。

②下肢扎在大腿的中下1/3处，前臂和小腿不宜扎止血带，因其动脉从两骨间通过，使血流阻断不全。

(3)止血步骤（附图20）

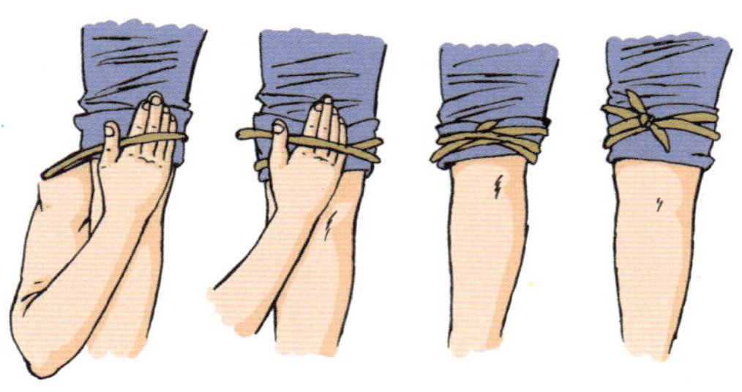

附图　20

①上止血带前要用衣服、纱布、棉布或毛巾等物作为衬垫，以免勒伤皮肤。

②用左手的拇指、食指、中指持止血带的头端，将长的尾端绕肢体一圈后压住头端，再绕肢体一圈，然后用左手食指、中指夹住尾端后，将其尾端从止血带下拉过，由另一缘牵出，系成一个活结。

③上止血带松紧要适度，以扎紧后血止并摸不到动脉搏动为度。

④现场如无止血带，可用三角巾、布带等代替作绞紧法止血（附图21和附图22）。

注意：

(1)不能用衣服、绷带遮盖住止血带或者任何方式遮挡它；

(2)不能解开止血带，除非医生建议。

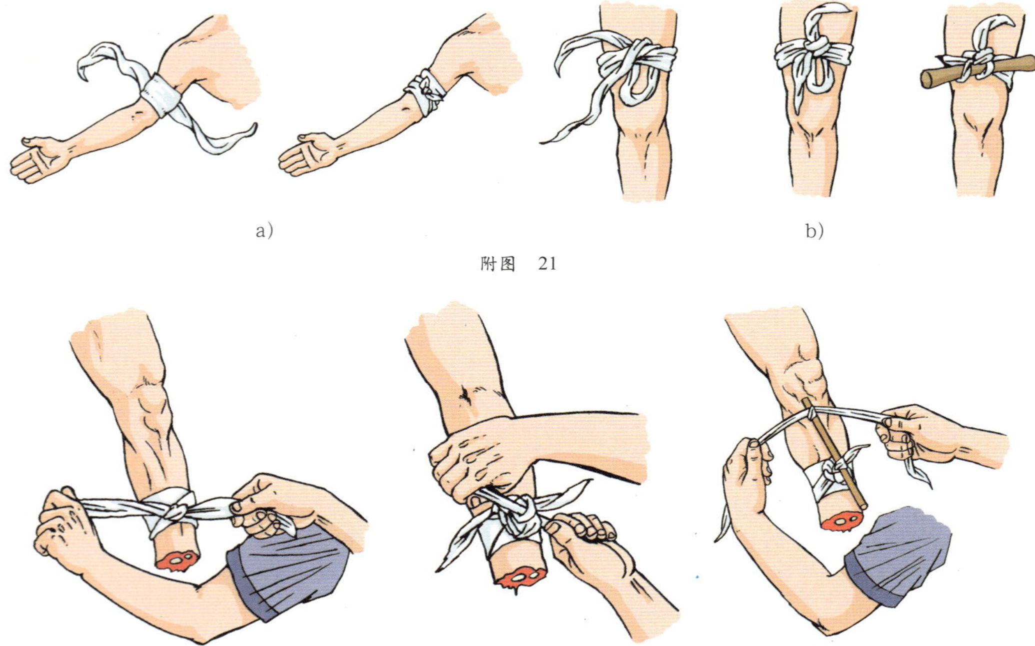

a)　　　　b)

附图　21

a)　　　　b)　　　　c)

附图　22

训练项目三　伤口的简易包扎法

【训练目的】

熟练掌握三角巾包扎法。

【训练要求】

(1)每2～4名学员为一组，互相操作，并一边讨论一边记忆；

(2)严格遵守操作规程和老师讲解的注意事项；

(3)训练过程中所有学员应严肃认真，且无条件服从教练员指挥。

【训练器材】

三角巾、敷料。

【训练内容】

训练时，教练员首先应详细介绍三角巾包扎法的动作要领，然后指导学员进行实际操作。

三角巾包扎法

三角巾的各部分名称如附图23所示。

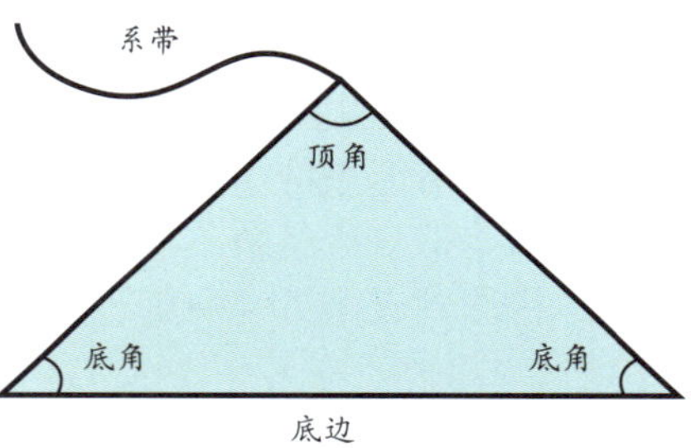

附图　23

使用时，要求边固定、角拉紧、中心伸展与敷料贴实。常用的三角巾有三角式、燕尾式和条带式，如附图24所示。

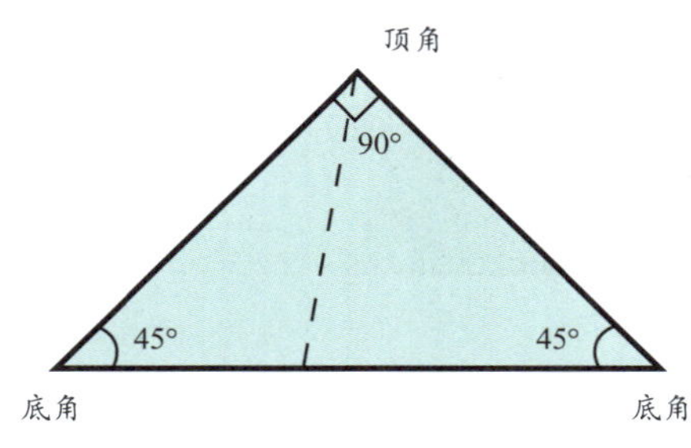

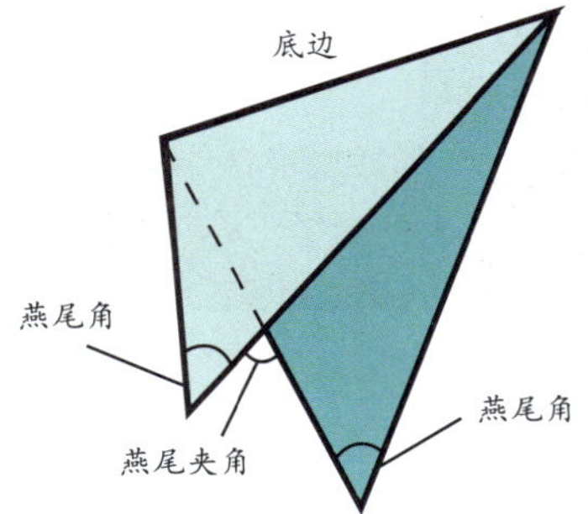

附图　24

(1)头部包扎法步骤

①将三角巾底边反折3～4cm，放于前额两眉的上方；

②将顶角放在头后部，三角巾两端经两耳上方批向头后枕部交叉，再返回前额打结；

③将后部多余的三角巾顶角部分掖入头后部的交叉处（如附图25所示）。

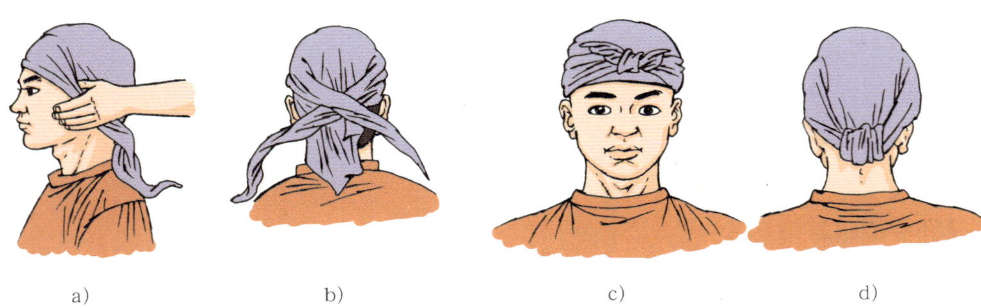

附图　25

(2)单肩包扎法步骤

①三角巾顶角过伤侧肩颈部置于胸前；

②用系带从后经腋下沿三角肌下缘处绕上臂二周固定；

③将外侧底角折回肩部过后背与另一底角在对侧腋后打结（如附图26所示）。

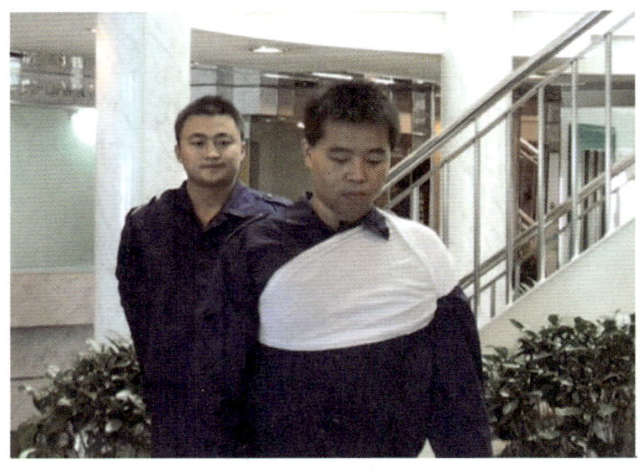

附图　26

附图　27

(3)双胸包扎法步骤

①将三角巾对折成燕尾状置于胸前；

②将系带绕过后背与底边打结；

③提起左右底角上翻至颈后打结（如附图27和附图28所示）。

(4)手部包扎法步骤

①将三角巾一折二，手放在中间；

②中指对准顶角，把顶角上翻盖住手背；

③然后两角在手背交叉，围绕腕关节在手背上打结（如附图29所示）。

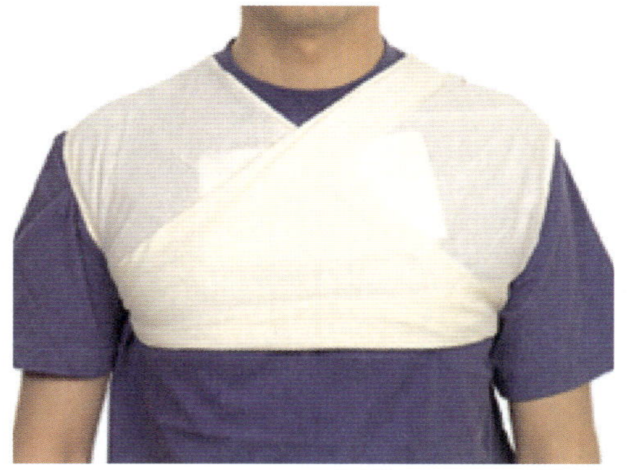

a)

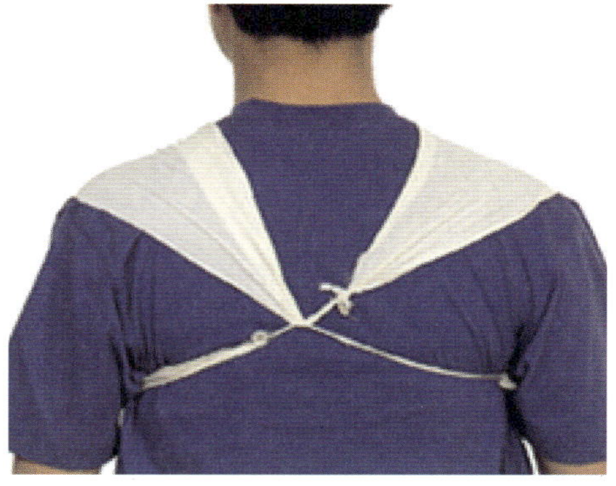

b)

附图 28

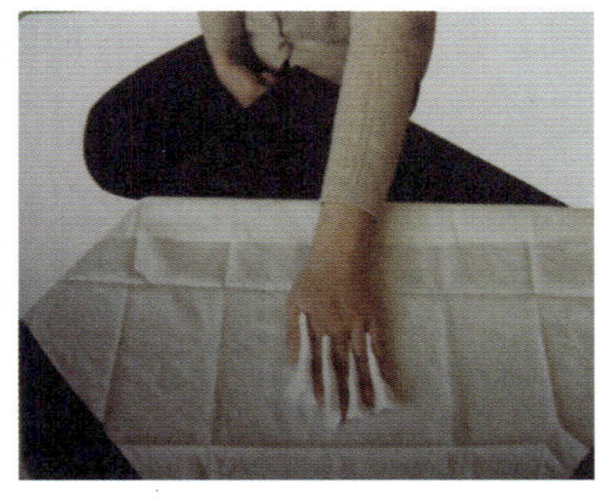

a)

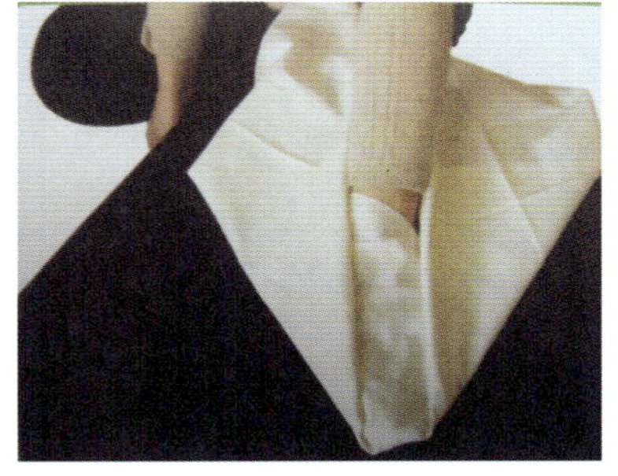

b)

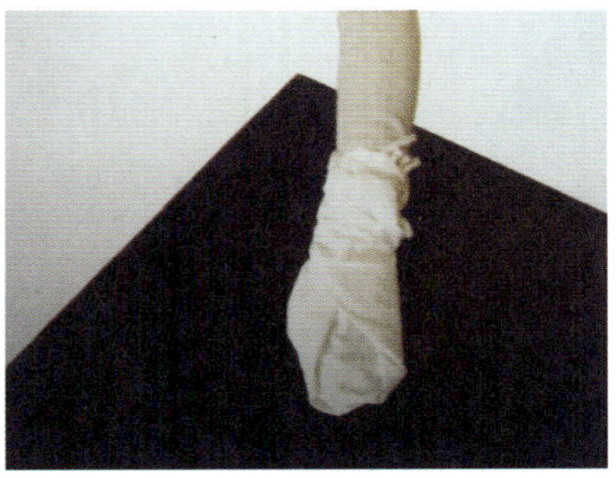

c)

附图 29

训练项目四　骨折及临时处理法

【训练目的】

(1)熟悉骨折的部位；

(2)熟练掌握常见骨折的固定方法。

【训练要求】

(1)每2～6名学员为一组，互相操作，并一边讨论一边记忆；

(2)严格遵守操作规程和老师讲解的注意事项；

(3)训练过程中所有学员应严肃认真，且无条件服从教练员指挥。

【训练器材】

教学人体模具、夹板、木板、三角巾、敷料等。

【训练内容】

训练时教练员首先应详细介绍各种类型骨折的基本知识，然后具体讲解骨折的固定方法。

【训练步骤】

常见骨折的部位有上肢、手腕和手部、指骨以及脊椎等。下面我们将针对前臂及上肢骨折进行训练。

前臂骨折夹板/三角巾固定法

(1)夹板一块由肘到指，长宽与前臂相称，夹板放于背侧固定；如有两块夹板，可分别置于前臂内、外侧固定。用三角巾或宽绷带扎紧，夹板两端外侧打结，再将伤肢肘关节屈曲悬吊于胸前，附图30和附图31所示为前臂骨折固定。

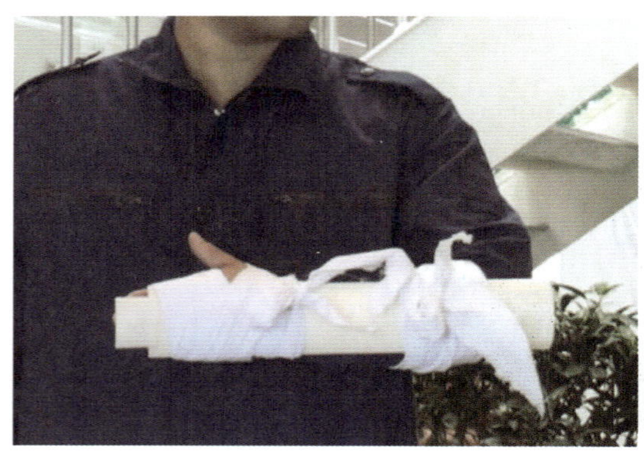

附图　30

附图　31

(2)前臂骨折若无夹板时，可用二块三角巾固定。先用一块三角巾将伤肢悬吊于胸前，然后再用一块三角巾将伤肢固定於胸廓。

具体步骤为：

(1)先用一块三角巾摊开于胸前，一角置于伤肢对侧颈旁；

(2)将伤肢置于胸前，肘关节屈曲成90° 或略小的角度；

(3)折起三角巾，使其下角自伤侧颈旁搭过，并在颈后将两角结扎；

(4)另用一块三角巾叠成宽带，将伤肢固定于胸壁上（附图32）。

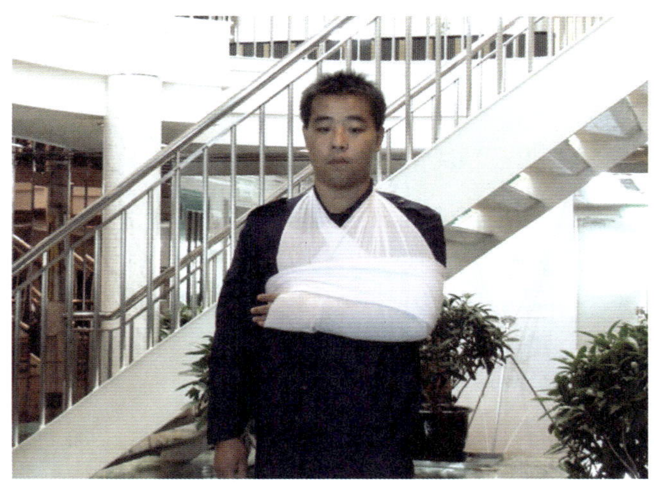

附图 32

模拟试卷（一）

一. 判断题

1．空载的船舶和任何型号的客船在停下靠近时，都会因风力发生偏航。____

A．对　　B．错

2．骨质中的有机质和无机质的比例随年龄的增长而发生变化。____

A．对　　B．错

3．正常人脉搏次数比心跳次数稍快。____

A．对　　B．错

4．胸外心脏按压时用力部位在手掌根部。____

A．对　　B．错

5．采用止血带止血时，上臂应绑扎在中1/3处。____

A．对　　B．错

6．止血带不能直接扎在皮肤上，应先在扎止血带部位的皮肤上加上布垫。____

A．对　　B．错

7．对颈椎损伤的患者，在搬运时应使头部固定于中立位，防止颈部旋转。____

A．对　　B．错

8．青光眼、哮喘及前列腺肥大者晕船可以口服茶苯海明。____

A．对　　B．错

9．大船上的急救箱内没有配备手术刀。____

A．对　　B．错

10．山莨菪碱作用与阿托品相似，治疗胃、肠、胆绞痛，中毒性休克，眩晕等。____

A．对　　B．错

二. 单选题

1．对于外伤病人，无线电医嘱应该了解：____。

①受伤的时间和如何受伤；②病人过去重要的疾病、受伤、手术史；③详细罗列受伤前服用过的药物的剂量、用法；④若有意识丧失，描写发生时间、持续时间和无意识程度。

A．①②　　B．①③　　C．①②③④

2．无线电医疗服务咨询时，是否必须提供已采取的急救措施？_____

A．是　B．随便　C．不

3．关节一般由_____三部分构成。

A．关节头、关节软骨和关节窝

B．关节头、关节软骨和关节腔

C．关节面、关节囊和关节腔

4．第_____颈椎棘突较长，常作为计数椎骨序数的标志。

A．5　B．6　C．7

5．下列说法哪个是正确的？_____

A．运动系统主要由骨、骨连接两部分组成

B．运动系统主要由骨、骨连接和骨骼组成

C．运动系统主要由骨、骨连接和骨骼肌组成

6．骨与骨之间的间接连结就是通常所说的关节，它是人体骨连结的_____形式。

A．次要　B．主要　C．特殊

7．血浆呈淡黄色，半透明，含水量达_____。

A．60%～70%　B．70%～80%　C．91%～92%

8．血浆中的_____含有多种抗体，能与一些致病因素起反应，破坏致病因素，对人体有保护作用。

A．白蛋白　B．球蛋白　C．纤维蛋白原

9．正常成年人每立方毫米血液中的白细胞数量为_____个。

A．1000～2000　B．3000～4000　C．4000～10000

10．正常人每立方毫米血液中含血小板_____万个。

A．1～10　B．10～30　C．30～40

11．气体交换地在_____。

A．心脏内　B．血管内　C．肺泡

12．心、肺位于_____。

A．腹腔内　B．胸腔内　C．盆腔内

13．前庭蜗神经属于_____神经。

A．感觉性　B．运动性　C．混合性

14．呼吸与脉搏的比例为_____。

A．1∶2　B．1∶3　C．1∶4

15．危重病人的呼吸检查方法是_____。

A．观察其胸腹部有无起伏

B．用小棉花放在鼻孔旁，观察棉花吹动次数

C．以耳朵贴近其口鼻部听有无呼吸声音和感觉有无气流拂面

16．正常血压值：一般以测_____为标准。

A．颈动脉　　B．肺动脉　　C．肱动脉

17．下列哪项属于死亡征象？_____

A．血压下降　　B．脉搏微弱　　C．心跳呼吸停止

18．在心跳、呼吸停止时采取的急救措施称为_____。

A．人工呼吸　　B．胸外心脏按压　　C．心肺复苏术

19．进行复苏效果判断要求迅速，时间_____秒。

A．5～10　　B．10～20　　C．20～30

20．适合作绷带“8”形包扎的部位是_____。

A．胸部　　B．肩部　　C．四肢

21．骨折急救夹板固定时，下列固定材料中最好选用_____。

A．铁条　　B．树枝　　C．合适的木板

22．如及时离开高温环境，可以很快恢复的中暑是_____。

A．先兆中暑　　B．轻度中暑　　C．重度中暑

23．予以脱离高温现场后对症处理即可，不必转送就医的中暑患者是_____患者。

A．热痉挛　　B．轻症中暑　　C．热射病

24．三度烧伤的伤员感觉是_____。

A．无疼痛　　B．轻微痛　　C．明显疼痛

25．对烧伤后的剧痛现场处理，正确的是：_____。

A．包扎止痛　　B．杜冷丁止痛，但有颅脑伤或呼吸功能障碍者禁用

C．创面涂搽消炎膏

26．强酸、强碱接触性损伤应用大量流动清水彻底冲洗被酸或碱污染的皮肤与伤口至少_____min。

A．5　　B．10　　C．15

27．对晕厥的病人应保持_____。

A．平卧位　　B．头低脚高位　　C．头高脚低位

28．常在午间或者凌晨睡眠中定时发作的心绞痛是_____。

A．卧位心绞痛　　B．自发心绞痛　　C．变异心绞痛

29．无诱因的心绞痛是____。

A．卧位心绞痛　　B．自发心绞痛　　C．变异心绞痛

30．____患者常喜欢作叹息样呼吸。

A．心绞痛　　B．心脏神经症　　C．心肌梗塞

31．一切体力活动都引起不适，静息时可发生的心绞痛属于____。

A．Ⅱ级　　B．Ⅲ级　　C．Ⅳ级

32．休克病人临床表现之一为____。

A．心跳慢　　B．肤色红润　　C．血压下降

33．冻伤病人可以用____的方法复温。

A．用酒精搓　　B．用火烤　　C．用温水浸泡

34．如皮肤被晒伤并已起泡发炎，可涂以____。

A．石蜡油或者单柠酸油膏　　B．酒精　　C．碘酒

35．船用急救箱应放在____。

A．他人不易发现的地方　　B．随便放何处　　C．固定醒目的地方

36．下列药品主要用于治疗呼吸衰竭的是____。

A．人丹　　B．硝酸甘油　　C．洛贝林

37．异丙肾上腺素用以0.5%溶液气雾吸入治疗____。

A．心源性休克　　B．阿托品无效的缓慢型心律失常　　C．哮喘

38．____又名间羟胺，用于心源性、过敏性、中毒性或外伤性休克。

A．阿拉明　　B．可拉明　　C．多巴胺

39．下列药品不属于止喘药的是____。

A．氨茶碱　　B．喘定　　C．阿托品

40．____是替代血浆的一种较理想的液体。

A．葡萄糖注射液　　B．血容量扩充剂　　C．葡萄糖氯化钠注射液

模拟试卷（二）

一．判断题

1．若海岸电台不在船上无线电话通信范围内时，可直接用无线电话与当地医院联系以及时取得医疗指导和帮助。_____

A．对　　　　B．错

2．肋弓的最低点平对第2～3腰椎体之间。_____

A．对　　　　B．错

3．一次失血10%以下对人体没有明显影响。_____

A．对　　　　B．错

4．肺位于胸腔内，左肺三叶，右肺二叶。_____

A．对　　　　B．错

5．大脑和小脑均是思维和意识活动的器官。_____

A．对　　　　B．错

6．正常人的双侧瞳孔，应不等大，对光反射存在。_____

A．对　　　　B．错

7．出血可分动脉出血和毛细血管出血二种。_____

A．对　　　　B．错

8．溺水、触电患者，均应立即转送医院抢救。_____

A．对　　　　B．错

9．当血压短期内急剧升高时，易造成血管破裂而导致脑出血性中风。_____

A．对　　　　B．错

10．部分药物依赖患者常因意识恍惚、丧失警觉、失去机械操作敏捷性，导致航海事故的发生，造成过失性犯罪。_____

A．对　　　　B．错

二．单选题

1．当决定派遣直升机救援时，船上人员一般通过_____取得联系。

A．2182kHz（MF）频率　　　　B．VHF和UHF无线电通信设备

C．海岸电台或海岸警卫队

2．120医疗急救服务的特点：______。

①辐射到城市的各个区域；②反应迅速；③抢救及时。

A．① B．②③ C．①②③

3．当肘关节屈至______时，肱骨内上髁、肱骨外上髁和尺骨鹰嘴形成一等腰三角形。

A．30° B．60° C．90°

4．桡骨茎突比尺骨茎突低______cm，这种位置关系可用于鉴别桡、尺骨下段是否骨折。

A．1 B．2 C．3

5．血细胞中______最小。

A．红细胞 B．白细胞 C．血小板

6．浅淋巴管跟浅静脉一起走，主要收集______的淋巴液。

A．皮肤 B．肌肉 C．内脏

7．一次失血多少时能引起人体功能活动障碍？______

A．30% B．20% C．10%

8．______既是气体的通道，又是发音器官。

A．喉 B．鼻 C．咽

9．胸膜腔位于______与胸腔内壁之间。

A．肺 B．胃 C．肝

10．中央管位于灰质的中央，纵贯脊髓的全长，向上连通第______脑室。

A．二 B．三 C．四

11．______主要由神经元胞体组成。

A．灰质 B．白质 C．中央管

12．脑神经中的纤维有______等。

A．躯体感觉纤维和内脏感觉纤维 B．躯体运动纤维和内脏运动纤维

C．躯体感觉纤维、内脏感觉纤维、躯体运动纤维和内脏运动纤维

13．面神经属于______神经。

A．感觉性 B．运动性 C．混合性

14．滑车神经属于______神经。

A．感觉性 B．运动性 C．混合性

15．在脑中风、严重颅脑外伤时，两侧瞳孔______，表明发生了脑水肿、脑疝，病情危重，需要立即抢救。

A．一大一小　　　B．均为针尖大小　　　C．显著扩大

16．用口测法测量体温，测定时间为_____min。

A．5　　B．10　　C．15

17．开放气道后，应立即给予人工呼吸_____次。

A．1　　B．2　　C．3

18．最简便最有效的人工呼吸法是_____。

A．口对口人工呼吸法　　　B．仰卧压胸法　　　C．俯卧压背法

19．前臂和小腿有两根骨骼，止血带对动脉压迫不紧时，止血效果不好；遇此情况时，止血带可以安置在上臂或大腿的_____部位。

A．上1/3　　B．中1/3　　C．下1/3

20．下肢上止血带后应每多长时间放松一次？_____

A．30分钟以内　　　B．一小时以内　　　C．一小时以上

21．三角巾作头部包扎时，应从何处包起？_____

A．枕后　　B．前额　　C．耳侧

22．三角巾包扎法适用于_____，具有使用灵活、容易掌握等特点。

A．身体任何部位　　　B．一般伤口　　　C．各关节部位

23．骨折的临床特点包括：_____。

①明显肿胀；②疼痛压痛；③功能障碍不能活动；④出现畸型；⑤出现骨擦音。

A．②③④　　B．①②③④　　C．①②③④⑤

24．小腿骨折时，固定用的夹板应放在_____。

A．小腿的下方　　　B．小腿的前侧　　　C．小腿的内外两侧

25．下列哪项不一定是骨折的特征？_____

A．肿胀　　B．畸形　　C．异常活动

26．小腿骨折固定如只有一块夹板，该夹板应放在小腿的_____。

A．左侧或右侧　　　B．前侧　　　C．后侧

27．下列溺水者需要倒水的是_____。

A．无呼吸道阻塞　　　B．呼吸道阻塞　　　C．凡是溺水者

28．溺水者吸入淡水和海水对血液的影响是_____。

A．相同的，即浓缩　　　B．相同的，即稀释

C．不同的，即淡水稀释而海水浓缩

29．对于伴有高烧的中暑患者，应给予_____。

A．清凉饮料　　B．热茶姜汤　　C．大量糖盐水

30．烧伤达真皮浅层，部分生成层健在，是____烧伤。

A．一度　　B．浅二度　　C．深二度

31．烧伤后局部红、肿、痛、无水疱是____。

A．一度烧伤　　B．二度烧伤　　C．三度烧伤

32．中毒性休克是指____休克。

A．感染性　　B．心源性　　C．过敏性

33．抗心绞痛的药是____。

A．扑热息痛　　B．阿司匹林　　C．硝酸甘油

34．下列不属于降压药物的是____。

A．利尿剂　　B．哌替啶　　C．β－受体阻滞剂

35．当血压＞200/130mmHg时，应快速降压，使血压降至____mmHg。

A．160/90　　B．140/90　　C．130/80

36．休克的主要症状有____。

A．神志改变　　B．尿量增加　　C．脉搏慢而有力

37．晕船呕吐时，可用____10mg口服或肌注。

A．甲氧氯普胺　　B．硝酸甘油　　C．苯巴比妥

38．用于治疗各种过敏性疾病、虫咬、药物过敏的药品是____。

A．十滴水　　B．西地兰　　C．扑尔敏

39．跌打损伤常用药是____。

A．安乃近　　B．安络血　　C．云南白药

40．氨茶碱主要用于____。

A．止痛　　B．平喘　　C．镇静

模拟试卷（三）

一．判断题

1．船上针对威胁到人体生命安全而采取紧急的临时性的医疗救护措施称为基本急救。_____

A．对　　　　　B．错

2．无线电医嘱需要了解病人病变部位的情况，并按轻重列出伤势。_____

A．对　　　　　B．错

3．一次失血超过30%时，如不急救可危及生命。_____

A．对　　　　　B．错

4．在颈膨大以下脊髓变细呈圆锥状，称脊髓圆锥。_____

A．对　　　　　B．错

5．脊神经的前根为感觉性。_____

A．对　　　　　B．错

6．搬运前应对伤病员先进行伤情判断，并初步对伤情进行了急救处理。_____

A．对　　　　　B．错

7．目前中暑高热主要采用的降温药物是扑热息痛。_____

A．对　　　　　B．错

8．硝酸甘油无副作用。_____

A．对　　　　　B．错

9．心肌梗死患者均可给予阿司匹林150～300mg口服每日一次，三天后改为75～150mg每日一次。_____

A．对　　　　　B．错

10．严重冻伤病人应立即用火烤，尽快让其复温。_____

A．对　　　　　B．错

二、单选题

1．海上急救之外来援助中最常见的方式为_____。

A．直升机救援　　　　B．无线电医嘱和直升机救援

C．船—船之间人员转送

2．临床上_____常被用来确定内脏器官、血管和神经的位置。

A．肌性标志或骨性标志　B．骨骼　C．骨骼肌

3．_____中有大量钙盐和磷酸盐沉积，是人体钙、磷的贮存库，参与人体的钙磷代谢。

A．骨膜　B．骨基质　C．骨髓

4．胸肌中的_____与上肢活动及呼吸有关。

A．胸小肌　B．胸大肌　C．锁骨下肌

5．成人骨有机质和无机质的比例约为_____。

A．1:1　B．4:5　C．3:7

6．_____是把血液从身体各部分送回心脏的血管。

A．动脉　B．静脉　C．毛细血管

7．_____是呼吸道的起始部分。

A．鼻　B．咽　C．气管

8．_____位于膈的上方和纵隔两侧。

A．肺　B．胃　C．肝

9．大脑半球中深埋在_____内的一些灰质核团称基底核。

A．灰质　B．髓质　C．皮质

10．神经系统是指_____。

A．中枢神经系统　B．周围神经系统

C．中枢神经系统和周围神经系统

11．小脑在脑干的_____。

A．前方　B．上方　C．后方

12．用腋测法测量体温，测定时间为_____min。

A．5　B．10　C．15

13．测血压时将袖带内的气体排除，平整地缠在右上臂的中1/3处，下缘距肘窝_____mm，松紧适度。

A．10～20　B．20～30　C．40～50

14．开放气道的方法中_____适用于颈部有外伤或者颈椎损伤时的抢救。

A．压额提颏法　B．双手抬颌法　C．仰头抬颈法

15．胸外心脏按压时患者应仰卧在_____。

A．沙发上　B．硬板上　C．钢丝床上

16．作口对口人工呼吸时应将病人的头后仰，目的是_____。

A．便于操作　　B．防止呕吐　　C．打开气道

17．急性出血必须立即制止，病人应_____防止发生休克。

A．俯卧　　B．平卧　　C．侧卧

18．手指出血时应压迫手指的_____。

A．远端　　B．近心端　　C．中部

19．压迫颈动脉能止住头面颈部大出血，压迫时可采用_____。

A．同时压迫两侧颈总动脉　　B．压迫出血对侧的颈总动脉

C．压迫出血一侧的颈总动脉

20．单肩包扎最后在_____打结。

A．同侧腋下　　B．对侧腋下　　C．对侧肩部

21．各种包扎的开始应施用_____。

A．环形包扎法　　B．螺旋反回形包扎法　　C．“8”字形包扎法

22．溺水者营救出水后，现场急救工作首先要做的是_____。

A．注射强心针　　B．清洁口腔畅通气道　　C．人工呼吸和心脏按压

23．中暑病情紧急时，可将氯丙嗪25mg及异丙嗪25mg稀释于100～200ml葡萄糖溶液或生理盐水中，在_____min内滴注完毕。

A．10～20　　B．25～30　　C．30～40

24．后背和臀部烧伤占体表总面积的_____。

A．9%　　B．10%　　C．18%

25．自身着火不能采用_____。

A．用手拍打火焰　　B．合适的木板　　C．就地打滚

26．二度烧伤现场处理是否要剪破水泡？_____

A．要　　B．不要　　C．随意

27．电击伤是由于电流通过人体而引起_____。

A．心血管系统损伤　　B．神经系统损伤　　C．组织损伤和功能障碍

28．如果病人高烧时，需用冷水袋外敷的方法降温，冷水袋应放在病人的何处为好？_____

A．颈部　　B．腹部　　C．肘部

29．心肌梗塞最早出现的症状是_____，多发生于清晨。

A．发热　　B．疼痛　　C．恶心

30．收缩压≥_____mmHg和（或）舒张压≥_____mmHg即可诊断为高血压。

A．140，90　　B．160，90　　C．200，130

31．当血压＞200/130mmHg时，处理有误的是_____。

A．舌下含服心痛定10～20mg　　B．肌肉注射速尿20mg

C．哌替啶50～100mg肌肉注射

32．属于过敏性休克的原因的是_____。

A．心包积液　　B．破伤风抗毒素　　C．精神创伤

33．下列属于重型晕船的表现是_____。

A．思睡、面色苍白　　B．呕吐反复发生　　C．面色苍白，四肢厥冷

34．冻伤的肢体急救时，应采用_____。

A．用火烘　　B．用雪团搓擦　　C．在常温中复温

35．船上急救箱所配备的器械和药物可根据船员与乘客的_____进行调整。

A．人数　　B．要求　　C．健康状况

36．复方阿斯匹林的主要作用是_____。

A．降血压　　B．解热镇痛　　C．消炎

37．用于精神紧张、焦虑不安、失眠或躁动，也可用于癫痫大发作或持续状态的药品是_____。

A．杜冷丁　　B．安定　　C．复方氨基比林

38．强心药的安全范围小，一般治疗量约为中毒量的_____。

A．1/4　　B．1/5　　C．1/2

39．病人因患细菌性食物中毒应服哪种药：_____。

A．安乃近　　B．硝酸甘油　　C．痢特灵

40．有机磷中毒时，用_____进行急救。

A．阿托品　　B．阿斯匹林　　C．杜冷丁

模拟试卷参考答案

模拟试卷（一）

一．判断题

1.A	2.A	3.B	4.A	5.B	6.A	7.A	8.B	9.B	10.A

二．单选题

1.C	2.A	3.C	4.C	5.C	6.B	7.C	8.B	9.C	10.B
11.C	12.B	13.A	14.C	15.B	16.C	17.C	18.C	19.A	20.B
21.C	22.A	23.B	24.A	25.A	26.C	27.B	28.C	29.B	30.B
31.C	32.C	33.C	34.A	35.C	36.C	37.C	38.A	39.C	40.B

模拟试卷（二）

一．判断题

1.A	2.A	3.A	4.B	5.B	6.B	7.B	8.B	9.A	10.A

二．单选题

1.B	2.C	3.C	4.A	5.C	6.A	7.B	8.A	9.A	10.C
11.A	12.C	13.C	14.B	15.A	16.A	17.B	18.A	19.C	20.B
21.B	22.A	23.C	24.C	25.A	26.C	27.B	28.C	29.C	30.B
31.A	32.A	33.C	34.B	35.A	36.A	37.A	38.C	39.C	40.B

模拟试卷（三）

一．判断题

1.A	2.A	3.A	4.B	5.B	6.A	7.B	8.B	9.B	10.B

二．单选题

1.B	2.A	3.B	4.B	5.A	6.B	7.A	8.A	9.B	10.C
11.C	12.B	13.B	14.B	15.B	16.C	17.B	18.B	19.C	20.B
21.A	22.B	23.A	24.C	25.A	26.B	27.C	28.A	29.B	30.A
31.C	32.B	33.C	34.C	35.A	36.B	37.B	38.C	39.C	40.A